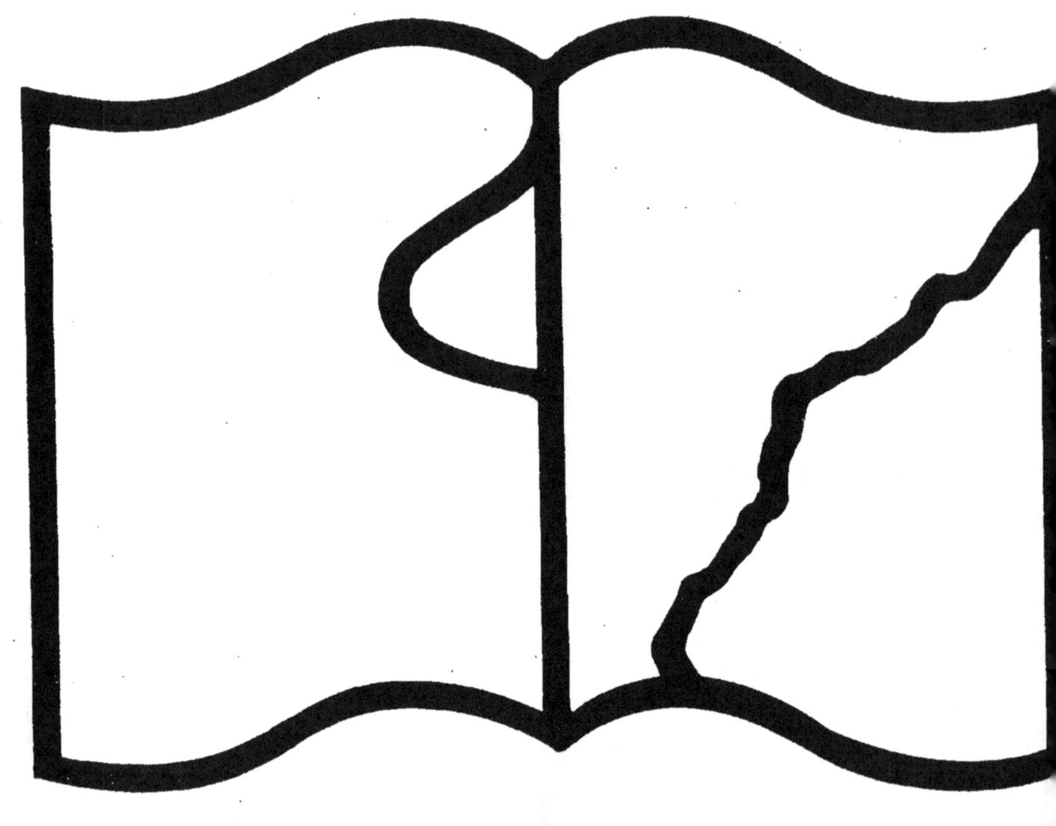

Texte détérioré — reliure défectueuse

NF Z 43-120-11

GOUVERNEMENT GÉNÉRAL DE L'ALGÉRIE

NOTICE

SUR LES

CHEMINS DE FER ALGÉRIENS

MUSTAPHA
GIRALT, IMPRIMEUR DU GOUVERNEMENT GÉNÉRAL
Rue des Colons, 17

1900

GOUVERNEMENT GÉNÉRAL DE L'ALGÉRIE

NOTICE

SUR LES

CHEMINS DE FER ALGÉRIENS

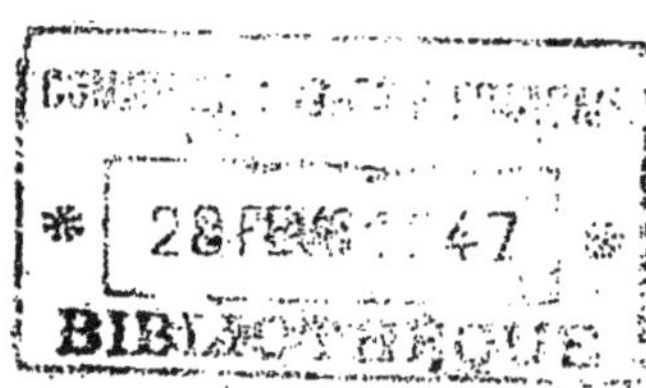

MUSTAPHA
GIRALT, IMPRIMEUR DU GOUVERNEMENT GÉNÉRAL
Rue des Colons, 17
—
1899

NOTICE

SUR LES

CHEMINS DE FER ALGÉRIENS

I

CHEMINS DE FER D'INTÉRÊT GÉNÉRAL

§ 1er. — Lignes en exploitation

Situation du réseau

Comme on le sait, le premier classement des chemins de fer d'intérêt général de l'Algérie a été fait par le décret du 8 avril 1857. Ce classement a été modifié par diverses lois spéciales et le réseau des voies ferrées d'intérêt général de la colonie s'est successivement développé de 1862 à 1892, mais, comme le montre le tableau ci-après des longueurs exploitées au 31 décembre de chaque année, la situation est stationnaire depuis cette époque.

Chemins de fer d'intérêt général

Longueurs en exploitation au 31 décembre de chaque année

Années	Cie P.-L.-M.	Cie E.-A.	Cie O.-A.	Cie B.-G.	Cie F.-A.	Cie Mokta-el-Hadid	TOTAL
1862	49 k	»	»	»	»	»	49 k
1863	49	»	»	»	»	»	49
1864	49	»	»	»	»	»	49
1865	49	»	»	»	»	»	49
1866	49	»	»	»	»	»	49
1867	51	»	»	»	»	»	51
1868	182	»	»	»	»	»	182
1869	222	»	»	»	»	»	222
1870	395	»	»	»	»	»	395
1871	513	»	»	»	»	»	513
1872	513	»	»	»	»	»	513
1873	513	»	»	»	»	»	513
1874	513	»	»	»	»	»	513
1875	513	»	»	»	»	»	513
1876	513	»	»	55 k	»	33 k	601
1877	513	»	52 k	90	»	33	688
1878	513	»	52	107	»	33	705
1879	513	183 k	52	202	170	33	1.153
1880	513	183	52	202	171	33	1.154
1881	513	198	51	255	323	33	1.373
1882	513	360	51	255	352	33	1.564
1883	513	360	82	255	352	33	1.595
1884	513	360	155	308	352	33	1.721
1885	513	383	221	308	352	33	1.810
1886	513	580	221	308	364	33	2.019
1887	513	624	244	308	466	33	2.188
1888	513	786	253	436	541	33	2.562
1889	513	886	275	436	663	33	2.806
1890	513	887	285	436	663	33	2.817
1891	513	887	329	436	663	33	2.861
1892	513	887	368	436	668	33	2.905
1893	513	887	368	436	668	33	2.905
1894	513	887	368	436	668	33	2.905
1895	513	887	368	436	668	33	2.905
1896	513	887	368	436	668	33	2.905
1897	513	887	368	436	668	33	2.905
1898	513	887	368	436	668	33	2.905
1899	513	887	368	436	668	33	2.905

Graphique n° I.

Régime financier des diverses compagnies

Le régime financier de ces différentes compagnies est fixé par les conventions qui les régissent.

Compagnie Paris-Lyon-Méditerrannée. — Cette Compagnie est concessionnaire des deux premières lignes créées en Algérie, celle de Philippeville à Constantine et celle d'Alger à Oran. La construction a été faite moyennant un capital fixé à forfait à 160 millions dont 80 millions fournis par l'Etat[1] et 80 millions fournis par la compagnie et jouissant d'une garantie d'intérêts de 5 0/0, soit 4.000.000 francs par an. Les lignes de cette compagnie sont exploitées à dépenses réelles, c'est-à-dire que la Compagnie prélève sur les recettes brutes le montant des dépenses réellement effectuées : le surplus, qui forme le revenu net, vient en déduction de la somme que l'Etat doit payer annuellement à titre de garantie d'intérêt du capital de premier établissement (Convention du 1er mai 1863).

Compagnie Bône-Guelma. — Cette compagnie a reçu à l'origine la ligne d'intérêt local de Bône à Guelma concédée en 1874, par le département de Constantine, avec garantie d'intérêts de 6 0/0 sur un capital forfaitaire de 12 millions (décret du 7 mai 1874).

En 1877, la ligne de Bône à Guelma fut incorporée au réseau d'intérêt général et l'Etat s'est substitué au département pour la garantie d'intérêts. En même temps il accordait à la Compagnie :

1° une garantie d'intérêts de 6 0/0 sur un capital forfaitaire de 44.296.114 francs pour les lignes de Guelma au Kroub et de Duvivier à Souk-Ahras.

---

(1) Cette subvention de 80.000.000 francs a été transformée en une annuité de 3.661.031 fr. 40 payable jusqu'en 1962. Cette annuité ne figure pas au budget de l'Algérie ; elle est inscrite au budget du Ministère des finances : Dette remboursable par annuités — chapitre 15 — Annuités aux compagnies de chemins de fer.

2° une garantie de revenu de 10.122 francs par kilomètre, jusqu'à concurrence de 220 kilomètres, pour les lignes de la Medjerda (Tunisie).

Une loi du 20 avril 1882, a accordé à la Compagnie Bône-Guelma une garantie de 5 0/0 pour la ligne de Souk-Ahras à Sidi-el-Hemessi sur un capital de 25 millions et une loi du 28 juillet 1885 une garantie de 5 0/0 pour la ligne de Souk-Ahras à Tebessa sur un capital forfaitaire de 15.450.000 francs auxquels 2 millions pourront s'ajouter pour travaux complémentaires.

Les frais d'exploitation sont fixés à forfait et pour toutes les lignes concédées antérieurement à 1885 le barême prévoit, tant que la recette n'atteindra pas 11.000 francs, une dépense invariable qui monte à 7.000 francs sur la ligne de Bône à Guelma et à 7.700 francs sur les autres lignes. La convention de 1885 a abaissé à 5.000 francs le minimum des frais d'exploitation de la ligne de Tébessa pour 5.000 francs de recettes.

Compagnie de l'Est-Algérien. — La Compagnie de l'Est-Algérien a été également concessionnaire de lignes d'intérêt local (Constantine à Sétif, Alger à Ménerville) qui sont aujourd'hui incorporées au réseau d'intérêt général.

La garantie stipulée sous la forme tantôt d'un revenu net kilométrique, tantôt d'un intérêt fixé sur un capital forfaitaire, a été calculée au taux de 6 0/0 pour les lignes les plus anciennes et de 5 0/0, amortissement compris, pour celles qui ont été concédées depuis 1880.

Les barêmes d'exploitation comportent une dépense minimum de 7.000 francs ou de 7.460 francs correspondant à 11.000 francs de recettes pour les 532 kilomètres concédés jusqu'en 1880. La convention de 1884 a réduit le minimum des frais d'exploitation à 5.000 francs lorsque la recette ne dépasse pas 5.000 francs pour la ligne de Batna à Biskra. Pour les lignes de Ménerville à Tizi-Ouzou et de Beni-Mansour à Bougie, lorsque la recette est inférieure à 7.460 francs on porte en compte les dépenses réelles d'exploitation sans quelles puissent excéder 7.460 francs. Pour la ligne des Ouled-Rahmoun à Aïn-Beïda la même disposition s'applique en substituant le chiffre de 5.000 francs à celui de 7.460 francs.

Compagnie de l'Ouest-Algérien. — Cette Compagnie avait obtenu, en 1874, la concession de la ligne d'intérêt local du Tlélat à Sidi-bel-Abbès avec une garantie du département d'Oran montant à 6 0/0. Une loi du 22 août 1881 a incorporé cette ligne au réseau d'intérêt général et des concessions ultérieures ont porté le réseau de l'Ouest-Algérien à 368 kilomètres en fixant à 4,85 0/0, amortissement compris, le taux de la garantie accordée pour les lignes nouvelles. De plus, dans les conventions de 1882 et de 1885 pour les lignes de la Sénia à Aïn-Temouchent et de Tabia à Tlemcen, la Compagnie a accepté la garantie sur le pied des dépenses réelles de construction limitées par un maximum. La convention de 1886 pour la ligne de Blida à Berrouaghia est revenue au système du forfait.

Les conventions antérieures à 1885 établissaient pour les frais d'exploitation des barèmes avec minimum de 7.460 francs ou de 7.000 francs pour 11.000 francs de recette. Pour la ligne de Tabia à Tlemcen, lorsque la recette descend au-dessous de 7.000 francs, les dépenses réelles d'exploitation sont seules admises en compte. Pour la ligne de Blida à Berrouaghia ces dépenses se calculent d'après la formule de $3.500 + \frac{R}{3}$.

Compagnie Franco-Algérienne. — La Compagnie Franco-Algérienne a été constituée non en vue de l'exploitation d'un chemin de fer, mais en vue de l'exploitation de produits du sol, notamment de l'alfa, pour laquelle un monopole lui avait été accordé par le Gouvernement sur 300.000 hectares des Hauts-Plateaux.

Pour assurer l'écoulement de ses produits la Compagnie Franco-Algérienne a établi, sans subvention ni garantie d'intérêts, la ligne d'Arzew à Kralfallah.

Depuis, cette compagnie a obtenu des concessions importantes avec garantie d'intérêts. La première de ces concessions est celle de Tizi à Mascara. La garantie, pour cette ligne longue de 12 kilomètres, porte sur les dépenses réelles jusqu'à concurrence de 1.600.000 francs auxquels 100.000 francs pourront être ajoutés pour travaux complémentaires.

La ligne de Mostaganem à Tiaret a donné lieu à une garantie calculée sur un capital forfaitaire de 21.500.000 francs dont 1 milllion pour travaux complémentaires.

Pour la ligne de Kralfallah à Méchéria, la garantie s'applique à une somme de 1.480.000 fr., valeur forfaitaire des dépenses d'outillage et d'acquisition du matériel, et à 1.220.000 fr. pour travaux de parachèvement. Le taux de ces garanties est de 5 0/0, amortissement compris.

Pour la ligne de Méchéria à Aïn-Sefra, on a garanti l'intérêt à 4.85 0/0, amortissement compris, d'un capital de 7 825.000 fr. avec augmentation possible de 300.000 fr. pour travaux complémentaires.

Les frais d'exploitation pour les trois premières lignes se calculent d'après un tableau qui fixe à forfait la dépense à 6.500 fr. pour une recette de 6.500 à 9.000 fr. Au-dessous de 6 500 fr. de recette on porte en compte la dépense réelle. Pour la ligne de Méchéria à Aïn-Sefra, on applique la formule $3.000 + \frac{R}{3}$ avec minimum de 5.000 fr.

Compagnie de Mokta-el-Hadid. — Par arrêté gouvernemental du 12 juin 1863, la société civile des mines de Karézas, devenue plus tard la société anonyme des minerais de fer magnétique de Mokta-el-Hadid, a été autorisée à prolonger à ses frais, risques et périls, d'une part, jusqu'aux mines de Mokta-el-Hadid, de l'autre, jusqu'à la mer, un chemin de fer particulier qu'elle exploitait entre la Seybouse et les mines de Karézas.

Cette ligne qui va de Bône à Aïn-Mokra, a été ouverte au service public des voyageurs et des marchandises par une décision ministérielle du 12 février

1885. Elle n'est l'objet d'aucune subvention ni garantie d'intérêts.

Pour résumer cet exposé, emprunté au travail que M. Colson, ancien directeur des chemins de fer, a consacré à la garantie d'intérêts, on a donné ci-après un tableau indiquant le montant des garanties d'intérêts stipulées au profit des compagnies algériennes de chemins de fer pour les lignes actuellement en exploitation. Un autre tableau donne le chiffre des sommes réclamées par ces compagnies à titre tant de garanties d'intérêts que d'insuffisance d'exploitation (pages 12 et 13).

On a vu, en effet, que seule la Cie P.-L.-M. exploite ses lignes à dépenses réelles : les autres compagnies sont placées, sauf quelques exceptions spéciales à certaines lignes de leurs réseaux, sous le régime du forfait d'exploitation, c'est-à-dire qu'il leur est alloué une somme fixe pour frais d'exploitation. Lorsque les recettes brutes n'atteignent pas le chiffre fixé par le barême, l'Etat a à payer à la compagnie : 1° le montant de l'intérêt garanti stipulé pour le capital de premier établissement; 2° la différence entre les recettes effectives et les dépenses forfaitaires fixées par les barêmes que l'on désigne sous le nom d'insuffisance de l'exploitation. Il est facile de dégager dans le tableau ci-après, les insuffisances d'exploitation en déduisant de la somme totale réclamée par chaque compagnie la somme qui lui est due pour garantie d'intérêts.

Cette dernière somme s'élève (1) :

pour la Cie P.-L.-M. à............	4.000.000 (2)	»
— Est-Algérien à.........	10.018.000	»
— Ouest-Algérien à.......	3.980.000	»
— Bône-Guelma (rés.alg.) à.	5.635.000	»
— Franco-Algérienne (rés. garanti) à..........	1.619.000	»
Total...........	25.252.000	»

(1) Chiffres donnés pour 1895, dans son rapport sur les garanties d'intérêts, par M. Guillain, député, ancien directeur au Ministère des Travaux publics.

(2) Non compris l'annuité de 3.661.032 fr. représentant la subvention de 80 millions allouée, en sus du capital garanti, à la Cie P.-L.-M. (V. page 6).

Sommes réclamées par les compagnies de chemins de fer à l'État à titre de garantie d'intérêts et d'insuffisance d'exploitation (1).

ANNÉES	P. L. M. algérien	Bône-Guelma (2)	Est-Algérien	Ouest-Algérien	Franco-Algérienne	ENSEMBLE des compagnies algériennes
1872	4.000.000 »	»	»	»	»	4.000.000 »
1873	3.231.238 49	»	»	»	»	3.231 238 49
1874	2.456.104 60	»	»	»	»	2.456.104 60
1875	2.527.483 32	»	»	»	»	2.527.483 32
1876	1.896.920 84	(3) 297.113 04	»	»	»	5.274.628 61
1877	3.080.594 73					
1878	3.010.114 64	383.531 01	»	»	»	3.393.645 65
1879	1.987.850 70	4.770.450 68	1.020.466 95	»	»	7.778.768 33
1880	1.269.294 34	5.302.842 46	1.884.858 81	»	»	8.456.995 61
1881	1.356.410 77	5.121.271 34	1.514.137 61	»	»	7.991.819 72
1882	800.447 03	6.210.813 93	1.681.923 85	»	»	8.693.184 81
1883	1.132.633 92	6.071.407 03	3.685.675 90	130.454 68	»	11.020.171 53
1884	530.366 80	7 031.976 13	3.360.059 71	484.052 73	»	11.406.455 37
1885	(4) — 469.746 51	7 765.244 05	2.528.850 12	1.053.411 36	153.708 90	11.031.467 92
1886	(4) — 369.130 93	7.849.311 52	4.038.325 78	1.433.892 13	697.597 »	14.249.995 50
1887	225.475 34	7.774.924 16	7.633.356 47	1.528.768 70	2.764.332 53	39.723.503 43
1888	521.556 04	9.205.261 [illegible]	8.463.879 19	1.605.949 19		
1889	799.504 23	9.286.970 18	10.091.361 61	2.159.895 16	2.340.428 48	24.678 159 66
1890	1.832 31	8.253 741 15	9.148.577 56	2.317.751 13	2.444.530 91	22.166.483 06
1891	632 034 29	7.673.854 97	9.350.216 43	2.580.095 50	2.542.279 59	22.778.480 78
1892	820.422 02	8.148.027 11	8.920.591 44	3.241.138 13	2.549.437 31	23.679.616 01
1893	1.385.359 61	8.857.215 38	9.873.799 41	3.745.853 63	2.680.812 70	26.543 040 73
1894	654.035 62	8.255.458 85	9.899.536 68	3.697.844 05	2.754.906 97	25.261.782 17
1895	277.336 26	7.295.492 51	9.854.349 88	3.880.458 58	1.985.225 04	23.292.862 27
1896	1.084.533 19	7.589.009 09	10.515.476 02	3.345 439 92	2.569.702 69	25.104.160 91
1897	1.206.667 85	7.505.787 37	10.197.721 27	3.233.638 65	2.644.124 47	24.787.939 61
1898	453.968 65	7.203.207 66	9.941.908 47	3.264.788 46	2.522.390 26	23.386.263 50
Totaux...	34.503.358 15	147.852.911 43	134.205.073 16	37.703.432 »	28.649.476 85	382.914.251 59
Moyennes : 10 dernières années....	750.000 »	8.000.000 »	9.800.000 »	3.150.000 »	2.500.000 »	24.200.000 »
5 dernières années.. .	750.000 »	7.550.000 »	10.100.000 »	3.500.000 »	2.500.000 »	24.400.000 »

OBSERVATIONS

(1) Ces chiffres sont susceptibles, pour les exer ces non définitivement réglés, de modifi tions à la suite des rectifications opérées p la Commission de vérification des comp des Compagnies.

(2) Les chiffres du Bône-Guelma se rapporten la totalité du réseau garanti par l'État fra çais : Algérie et Tunisie. — La garantie la ligne de la Medjerda exige, année m enne, pour intérêts du capital de prem établissement et insuffisance d'exploitati une annuité d'environ 3.000.000 francs.

(3) Montant de la garantie payée par le dépar ment de Constantine et les communes Bône et de Guelma pour la période d' ploitation de la ligne de Bône à Guelma 1er octobre 1876, date d'ouverture, au mars 1877, point de départ de la garan de l'État.

(4) En 1885 et en 1886 la Cie P. L. M. n'a pas appel à la garantie d'intérêts : ses recet nettes ayant dépassé la somme garan (4.000.000 fr.), l'excédent (469.746 fr. 51 369.130 fr. 93) a été reversé dans les ca ses du Trésor, en atténuation de la de contractée par la Compagnie du chef de garantie.

Graphique n° II

Situation au 31 décembre 1898 des dettes des Compagnies
(d'après les rapports au Conseil d'Administration de chaque Compagnie)

COMPAGNIES	CAPITAL avancé par l'Etat	INTÉRÊTS simples à 4 °/o des sommes avancées	TOTAL
P.-L.-M.	33.500.995 79	22.434.719 39	55.935.715 18
Bône-Guelma(1)	142.841.955 95	48.364.791 31	191.206.747 26
Est-Algérien	134.205.073 16	30.444.009 05	164.649.082 21
Ouest-Algérien	34.364.755 48	7.402.558 45	41.767.313 93
Franco-Algérienne	25.545.451 38	5.310.499 14	30.855.950 52
Totaux	370.458.231 76	113.956.577 34	484.414.809 10

(1) Les chiffres de Bône-Guelma se rapportent à la totalité du réseau garanti par l'Etat français : Algérie et Tunisie.

Recettes des chemins de fer algériens

SIONATION DES LIGNES	ANNÉE d'ouverture de la ligne	LONGUEUR de chaque ligne	MOYENNES 1871-1880	1881-1890	1891-1898	ANNÉES 1891	1892	1893	1894	1895	1896	1897	1898	PREMIERS TRIMESTRES (chiffres provisoires) de 1898	de 1899
		kil.	fr.	fr.	fr.	fr.	fr.	fr.	fr.	fr.	fr.	fr.	fr.	fr.	fr.
P.-L.-M.															
ppeville à Constantine........	1870	87	2.007.973	2.560.227	2.073.324	2.935.199	2 577.330	1.922.568	2.082.829	2.045.579	1.740.935	1.508.400	1.684.065	1.153.000	1.580.000
r à Oran	1871	421	4.149.405	6.434.150	6.760.549	6.888.567	6.664.155	6.201.483	6.717.640	6.848.906	6.504.817	6.066.546	7.592.314	5.291.000	5.743.000
Est-Algérien															
r à Maison-Carrée............		41	»	177.024	211.827	198.289	208.450	193.395	204.242	200.983	196.943	240.029	252.287		
on-Carrée à Constantine......	1886	453	»	3.484.056	3.822.208	4.302.094	4.491.032	3.654.984	3.090.335	3.843.853	3.347.681	3.554.651	3.693.032		
rville à Tizi-Ouzou..........	1888	53	»	239.337	317.916	321.950	209.786	294.412	300.301	310.747	207.468	345.811	367.255		
gie à Beni-Mansour........ ...	1889	89	»	»	397.203	350.262	388.514	335.117	368.505	362.541	344.118	481.594	536.972	4.108.270	5.359.906
uerrah à Batna...............	1882	81	»	528.463	571.786	611.535	633.035	591.085	601.700	582.746	576 623	498.874	521.599		
a à Biskra...................	1888	121	»	401.509	534.286	484.742	528.557	525.859	545.660	504.958	562.617	504.768	537.126		
d-Rahmoun à Aïn-Beïda........	1889	93	»	345.754	356.403	551.059	405.522	372.228	376.533	341.608	278.293	188.331	247.646		
Ouest-Algérien															
te-Barbe-du-Tlélat à Sidi-bel-bbès................	1877	52	832.676	1.064.773	1.187.514	1.141.468	1.192.609	1.142.414	1.247.474	1.288.905	1.179.335	1.100.039	1.212.869	1.364.392	1.438.512
-bel-Abbès à Ras el-Ma........	1885	100	»	663.048	675.660	627.678	650.959	628.667	584.030	738.196	840.838	653.320	716.589		
à Aïn-Temouchent..........	1885	76	»	529.796	543.855	560.322	554.065	425.904	542.792	610.069	692.414	474.059	591.201	408.402	421.095
a à Tlemcen..................	1890	64	»	»	357 247	332.836	353.650	345.084	327.377	353.274	343.111	396.858	405.780	294.237	281.501
a à Berrouaghia..............	1892	84	»	»	406.840	»	»	411.622	430.623	388.893	387.004	403.334	424.380	296.387	405.069
Bône-Guelma															
e à Guelma...................	1877	89	674.387	960.453	1.242.961	1.253.844	1.139.442	931.756	1.087.822	1.271.345	1.208.596	1.355.266	1.455.615		
lma au Kroubs................	1879	114	»	502.718	512.484	670.099	618.065	489.938	483.598	481.926	436.040	439.268	480.077		
ivier à Souk-Ahras...........	1881	52	»	425.493	627.355	613.912	530.006	420.087	566.623	681.803	709.453	722.452	765.502	2.730.375	3.352.077
k-Ahras à la frontière tunienne.......	1884	58	»	207.871	132.126	182.001	131.910	114.317	119.230	123.674	132.220	122.802	130.791		
k-Ahras à Tebessa........ ...	1888	128	»	315.269	802.158	469.470	415.409	361.484	668.012	1.008.140	1.049.321	1.155.090	1.290.251		
Franco-Algérienne															
ew à Kralfallah..............	1881	215	»	1.951.584	1.504.139	1.475.348	1.567.983	1.321.530	1.516.788	1.523.101	1.461.582	1.416.919	1.749.801	1.237.714	1.232.768
lfallah à Méchéria...........	1882	137	»	341.744	338.400	366.122	330.089	279.819	309.844	310.921	333.612	361.884	414.915	301.655	280.895
chéria à Aïn-Sefra...........	1887	102	»	107.966	119.414	95.780	107.571	88.668	113.346	118.972	121.564	142.874	166.596	131.119	114.987
à Mascara....................	1886	12	»	53.707	60.553	59.167	62.888	53.512	61.359	61.903	62.072	55.178	68.343	48.431	56.187
stagnenn à Tiaret............	1889	197	»	»	557.087	»	»	496.979	523.982	560.383	568.520	494.255	678.405	466.701	563.487
Mokta-el-Hadid															
ne à Aïn-Mokra...............	1864	33	»	63.646	62.099	67.966	68.071	59.075	62.114	64.704	58.265	64.695	64.209	44.818	51.272
Totaux....			7.664.441	21.418.628	24.144.664	24.569.560	24.009.808	21.670.969	23.532.841	24.701.124	23.263.406	[illegible].437.020	26.044.788	17.942.591	20.882.436

Graphique n° III

Résultats de l'exploitation en 1898

Les sommes réclamées par les Compagnies algériennes à titre de garantie d'intérêt du capital d'établissement ou d'insuffisance d'exploitation qui ont déjà diminué légèrement, s'abaisseront encore en 1899. Le tableau ci-contre des recettes effectuées sur les différentes lignes ferrées d'intérêt général de la colonie montre, en effet, que les recettes ont augmenté sensiblement de 1897 à 1898 et qu'elles augmenteront encore davantage en 1899.

Les principales causes des variations des recettes de 1897 à 1898 sont indiquées ci-après par nature de marchandises.

Compagnie P.-L.-M. — Ligne d'Alger à Oran. — Les voyageurs entrent dans le chiffre de la plus-value pour 121.000 fr. et les marchandises P. V. pour 13.8000 fr. Par contre, les messageriesont donné une moins-value de 17.000 fr.

La plus-value des voyageurs semble provenir, en partie, de la récolte assez bonne des céréales, en partie de l'amélioration du service des trains et de la création d'un train de nuit tri-hebdomadaire entre Alger et Oran.

La moins-value des recettes sur les messageries ne peut provenir que de la réduction du tarif consentie par la compagnie. L'augmentation du trafic n'a pas correspondu, sur l'heure, à l'abaissement du tarif ; mais cette augmentation commence à se faire sentir en 1899.

Céréales. — La plus-value de 813.000 fr. sur les marchandises provient surtout de la récolte des céréales bien meilleure en 1898 qu'en 1897 : 123.357 tonnes contre 78.935 tonnes d'où une différence de 44.422 tonnes en faveur de 1898.

Vins. — Les vins ont peu varié : Ils ont donné en 1897, 101.768 tonnes et en 1898, 100.399 tonnes; d'où une différence en faveur de 1897 de 1.369 tonnes.

Ce résultat a lieu de surprendre en présence du

développement du vignoble et de la bonne récolte de 1898 ; mais il importe de remarquer que c'est précisément l'abondance de cette récolte qui a retardé les expéditions premières.

Alfa et crin végétal. — L'alfa et le crin végétal varient peu : On avait transporté 18.844 tonnes en 1897 ; on en a transporté 16.932 en 1898.

Minerais. — Les mines de l'Ouarsenis, dont la production semble se maintenir, ont donné 5.997 tonnes en 1898. L'année 1897 avait produit 5.909 tonnes.

Matériaux de construction. — Les matériaux de construction ont donné 55.299 tonnes en 1897 contre 61.894 en 1898.

Fruits et légumes et denrées alimentaires. — Les fruits, légumes et denrées alimentaires sont en augmentation énorme :

Année 1897....................	7.398 tonnes
— 1898....................	24.388 —
différence en faveur de 1898........	16.990 tonnes

Dans le chiffre de 1898, les oranges et les mandarines de Blida entrent pour 3.000 tonnes ; celles de Boufarik pour 1.000 tonnes.

Pailles et fourrages. — A cause de la bonne récolte des céréales la plus-value est considérable :

Année 1897....................	6.301 tonnes
— 1898....................	12.992 —
différence en faveur de 1898........	6.691 tonnes

Les principales gares expéditrices sont Boufarik, El-Affroun et Littré.

Moutons. — Année 1897..........	193.533 têtes
— 1898..........	210.542 —
différence en faveur de 1898........	17.009 têtes

Ligne de Philippeville à Constantine. — Céréales. — Les céréales ont fourni 8.657 tonnes de plus qu'en 1897 et entrent sans l'augmentation des recettes pour une somme de 65.432 fr. Cette plus value est due en totalité aux transports en provenance des lignes de l'Est-Algérien qui ont donné un total de 20.376 tonnés au lieu de 7.884 tonnes en 1897.

Bestiaux. — Le trafic des chevaux a peu varié (661 en 1898 contre 591 en 1897) et il en a été à peu près de même pour les bœufs ; mais celui des moutons est passé de 94.000 têtes en 1897 à 158.000 en 1898, gagnant 64.000 têtes. Cela s'explique par ce fait que les exportateurs utilisent de plus en plus la voie ferrée pour l'acheminement de leurs bestiaux sur le port d'embarquement.

Farines. — Le trafic des farines n'a guère varié ; il continue à se maintenir un peu au-dessus de 10.000 tonnes.

Vins. — Le tonnage des vins a encore fléchi de près de 2.000 tonnes (9.626 t. contre 11.310 t. en 1897).

Matériaux de construction. — Ce trafic a gagné 545 tonnes, passant de 4.973 t. en 1897, à 5.518 t. en 1898. L'augmentation du tonnage est due principalement aux travaux d'arasement du Coudiat-Aty, à Constantine, et à la construction d'un Hôtel-de-ville, dans la même localité.

Houille. — Ce trafic perd plus de 4.000 tonnes (11.344 t. en 1898 contre 15.507 t. en 1897). La diminution porte entièrement sur les charbons destinés à la Compagnie de l'Est-Algérien, qui a été amenée à diminuer ses commandes vers la fin de l'année.

Fourrages. — Le trafic des fourrages est resté à peu près stationnaire (1.282 t. en 1897 et 1.237 t. en 1898). Cependant la récolte a été meilleure en 1898 qu'en 1897. Mais il y a lieu de tenir compte que l'année dernière le prix des fourrages a été rémunérateur pour les producteurs, et le trafic s'en est naturellement ressenti.

Laines. — Le trafic des laines passe de 1.023 tonnes

2

en 1897 à 639 tonnes en 1898, gagnant ainsi près de 500 tonnes. Cette augmentation de trafic provient de ce que la voie ferrée a bénéficié de la disparition des entreprises de roulage qui l'avaient concurrencée jusqu'en 1897 inclus.

Compagnie de Bône-Guelma. — Le trafic des voyageurs est resté à peu près stationnaire sur la ligne de Bône au Khroub ; il est en légère progression sur la ligne de Souk-Ahras à Tébessa, et en diminution assez sensible sur la ligne de Duvivier à Souk-Ahras et à la frontière tunisienne. Cette diminution, qui porte principalement sur les premiers mois de 1898, est certainement la conséquence des récoltes médiocres de 1897. Pour l'ensemble de son ancien réseau à voie normale et pour la ligne à voie étroite de Tébessa, la Compagnie Bône-Guelma accuse, sur les transports de voyageurs, une augmentation de recette de 37.490 francs.

La plus-value de 1898 porte presque toute entière sur les transports de petite vitesse. Elle est principalement due, comme on le verra plus loin, aux céréales, aux vins, aux matériaux de construction et surtout aux phosphates de Tébessa.

Céréales. — Les céréales sont en augmentation de 4.710 tonnes (34.431 t. en 1898, contre 29.721 t. en 1897). C'est la conséquence de la récolte qui a été sensiblement meilleure en 1898, surtout dans la région comprise entre Souk-Ahras et Tébessa. L'augmentation de tonnage en 1898 aurait été encore plus importante si, dans l'espoir de voir arriver une hausse sur les cours, certains négociants n'avaient gardé en magasin des stocks assez considérables de grains, qui n'ont été expédiés qu'au cours du premier semestre 1899.

Alfa. — Les expéditions tombent de 9.054 t. en 1897, à 5.822 t. en 1898, soit une diminution de 3.232 tonnes. Cette perte, qui porte surtout sur les transports des premiers mois de l'année 1898, provient principalement de ce que la période correspondante de 1897 avait bénéficié de stocks importants existant dans les chantiers à la fin de 1896. D'ailleurs, par suite de l'avilissement des cours, l'exploitation de l'alfa devient de plus en plus difficile.

Laines. — Ce trafic passe de 206 tonnes en 1897 à 360 t. en 1898, gagnant ainsi 154 t. C'est la région desservie par la ligne de Souk-Ahras à Tébessa qui bénéficie de presque toute cette augmentation.

Phosphates. — Ce trafic gagne encore 17.000 tonnes (225.900 t. en 1898, contre 208.900 t. en 1897).

Minerais. — Ce trafic tombe de 19.090 t. en 1897, à 16.810 t. en 1898 et perd par conséquent 2.280 t. Les mines de Sidi-Youssef (Souk-Ahras), de Clairfontaine, Tébessa et Tarja sont en progression assez sensible et ont fourni ensemble 2.402 t. de plus qu'en 1897 ; mais le Nador (mine de la Vieille-Montagne) perd 4.682 t. (16.349 t. en 1897 et 11.667 t. seulement en 1898). Les pluies ont contrarié, pendant une bonne partie de l'année, l'exploitation de cette mine.

Matériaux de construction. — Ce trafic a presque doublé, passant de 4.449 t. en 1897, à 7.842 t. en 1898.

Bestiaux. — Ce trafic est en progression marquée, principalement les moutons (13.000 têtes environ en 1898, contre 1.100 seulement en 1897).

Vins. — Les vins gagnent plus de 6.000 tonnes : 26.743 t. en 1898, contre 20.581 t. en 1897.

Lièges. — Ce trafic perd 1.300 t. : 1.741 t. en 1898, contre 3.041 t. en 1897.

Houille. — Les transports de charbon de terre sont en légère augmentation (800 tonnes environ). La gare de Bône a expédié, en 1898, 7.023 tonnes sur lesquelles 5.736 ont été absorbées par les industries minières situées sur le réseau, savoir : 4.159 t. par les exploitations phosphatières de Tébessa ; 215 t. par les mines de zinc de Sidi-Youssef (Souk-Ahras) ; 1.362 t. par les mines de la Vieille-Montagne (Le Nador).

Combustibles végétaux. — Le bois à brûler et les charbons de bois, qui avaient donné 10.000 t. jusqu'en 1896, se maintiennent depuis deux ans un peu au-dessous de 7.000 t., sans variation bien sensible.

Compagnie de l'Est-Algérien. — La recette des voyageurs est en diminution de 49.360 fr. sur l'année précédente, malgré d'importants transports de troupes qui ont eu lieu vers la fin de l'année. La clientèle spéciale des touristes a dû être moins nombreuse en 1898, et c'est là qu'il convient de chercher la véritable cause de la diminution des recettes. Il est à remarquer, en effet, que le nombre des voyageurs de toutes classes s'est élevé de 595.352 en 1897, à 609.627 en 1898 et que seuls, les voyageurs de première classe ont diminué (18.370 en 1898, contre 20.186 en 1897).

Sont également en moins value, mais pour des sommes insignifiantes, les accessoires de la G. V. et ceux de la P. V. (2.330 fr.)

La plus-value porte en totalité sur les marchandises de petite vitesse qui présentent une augmentation de 393.550 fr. Les céréales, les phosphates et les dattes sont la principale cause de cette augmentation.

Céréales. — Grâce à une récolte meilleure, ce trafic gagne plus de 15.000 tonnes (50.245 t. en 1898, contre 34.951 t. seulement en 1897). C'est surtout pour la ligne des Ouled-Rahmoun à Aïn-Beïda et pour celle d'El-Guerrah à Biskra, régions particulièrement éprouvées en 1897, que l'augmentation est sensible : pour la première de ces deux lignes, le tonnage a à peu près triplé d'une année à l'autre ; pour la seconde, il a juste doublé.

Alfa. — Par contre, le trafic de l'alfa perd presque un millier de tonnes. Il est à remarquer que lorsque la récolte des céréales est bonne, les indigènes se rejettent moins sur l'alfa. D'ailleurs, par suite de l'avilissement des cours, l'exploitation de l'alfa tend plutôt à diminuer.

Sel. — Le tonnage des expéditions passe de 267

tonnes en 1897 à 652 t. en 1898, gagnant près de 400 tonnes.

Laines. — Le trafic des laines gagne encore une centaine de tonnes, malgré la concurrence de la voie de terre entre Sétif et Bougie, d'une part et entre Aïn-Beïda et Constantine, d'autre part.

Phosphates. — Les phosphates de Tocqueville ont donné 14.000 t. de plus qu'en 1897 (37.000 t. en nombre rond. contre 23.000 t.) Les exploitants, qui expédient déjà une moyenne journalière de 150 tonnes, espèrent arriver à expédier bientôt près de 250 t. par jour.

La gare d'El-Anasser-Galbois a commencé en avril dernier à recevoir les minerais de phosphate provenant des gisements de Bordj-R'dir, qui vont être également exportés par le port de Bougie.

Minerais de zinc. — Il n'y a eu en 1898, que 645 tonnes de minerais de zinc, qui ont été expédiées, savoir : 536 t. par les gares de St-Arnaud et Chasseloup-Laubat (mines du Djebel-Youssef) et 109 t. par la gare de Tixter-Tocqueville (mines du Guergour). En 1897, les transports de calamine avaient donné un total de 1.473 t. provenant des mines de Canrobert (ligne des Ouled-Rahmoun à Aïn-Beïda) et des mines d'Aïn-Yagout (ligne d'El-Guerrah à Biskra).

Matériaux de construction. — Dans son ensemble, ce trafic n'a pas varié (4.458 t. en 1898 et 4.434 t. en 1897). Toutefois, l'usine à plâtre de M'Zita a presque doublé le chiffre de ses expéditions (392 t. en 1898, contre 153 t. en 1897).

Bestiaux. — Les transports en G. V. présentent une diminution de 10.500 francs (19.998 fr. en 1898 et 30.408 fr. en 1897) et les transports en P. V. une diminution de 3.000 fr. (195.436 fr. en 1898, contre 198.431 fr. en 1897). La région d'Aïn-Beïda a pourtant expédié, en 1898, près de 28.000 moutons de plus qu'en 1897. Malheureusement des pertes de trafic se sont produites sur d'autres points du réseau, notamment à la gare de Sétif qui, à elle seule a perdu, l'année dernière, plus de 35.000 moutons. C'est qu'ici, à l'encontre de ce qui se passe sur la ligne de Constantine à Philippeville, les expéditeurs désertent de plus en plus la voie ferrée, et en 1898, presque tous les moutons qui ont été exportés par Bougie ont emprunté la voie de terre.

Dattes. — La campagne de 1898-1899 a été particulièrement bonne : elle a, en effet, fourni au chemin de fer 3.312 tonnes de plus que la campagne précédente (7.658 t. contre 4.346 t.)

Houille. — Ce trafic a peu varié : 3.612 t. en 1898, contre 3.026 t. en 1897.

Combustibles végétaux. — Ce trafic passe de 5.625 t. en 1897 à 6.726 t. en 1898, gagnant un peu plus de 1.000 tonnes. C'est la région de Batna qui a bénéficié de cette augmentation.

Compagnie de l'Ouest-Algérien. — Le nombre des voyageurs de 288.335 en 1898 s'est élevé en 1898 à 303.862 donnant une recette supérieure de 28.622 francs.

L'ensemble des produits de la grande vitesse a été de 1.053.158 fr. en 1898 contre 1.030.323 fr. en 1897.

Le trafic de la petite vitesse accuse 210.231 tonnes de marchandises en 1897 contre 241.629 en 1898. La recette de cette dernière année a atteint 2.137.717 fr. soit 234.108 fr. de plus que l'année précédente.

Cette augmentation porte notamment sur les céréales, les farines, l'alfa, les matériaux de construction, les fruits, les légumes, les combustibles minéraux et enfin les bestiaux.

Le trafic des moutons a, en effet, presque triplé : de 76.779 en 1897, le nombre des têtes passe à 190.940 en 1898 : ce sont les territoires avoisinant la frontière marocaine qui ont produit ce gros excédent.

Céréales. — En augmentation de 24.822 tonnes (79.857 contre 55.035).

Alfa. — Malgré les bas prix pratiqués, ce trafic est en progression (59.675 tonnes, contre 56.239) :

les dépôts de Sidi-bel-Abbès notamment ont donné lieu à des expéditions très actives.

Matériaux de construction. — La plus value est de 576 tonnes (6.120 au lieu de 5.144).

Fruits, légumes, denrées alimentaires. — La progression (5.911 tonnes en 1898, contre 5.483 en 1897) est surtout sensible sur la ligne de Blida à Berrouaghia.

Combustibles minéraux. — Les transports passent de 1.525 tonnes à 3.637 : l'emploi des machines, surtout dans les régions desservies par la ligne d'Aïn-Temouchent, a amené ce résultat.

Par contre, les laines, cuirs et peaux, les pailles et fourrages, les marchandises diverses ont une moins value sensible (15.451 tonnes au lieu de 16.294 en 1897). Cette diminution provient, en grande partie, de la concurrence du roulage.

Compagnie Franco-Algérienne. — La compagnie Franco-Algérienne a transporté 22.909 voyageurs de plus qu'en 1897 (205.407 contre 182.498). La recette donnée par ce transport est en augmentation de 91.076 fr. La bonne récolte de 1898 et les réductions importantes consenties en 1895 sur les tarifs, et dont les effets se font progressivement sentir, ont déterminé cette plus value.

Au total, les recettes de la grande vitesse ont donné une plus value de 118.320 fr. (795.056 fr. au lieu de 676.736 fr.). Les transports de la guerre sont en partie cause de cette augmentation.

Le trafic de la petite vitesse a passé de 138.657 tonnes à 182.150 et le produit de 1.711.294 fr. à 2.121.753 fr.

Céréales. — Augmentation 33.342 tonnes (61.047 au lieu de 27.705). Cet excédent est dû à la bonne récolte sur les Hauts-Plateaux et dans la région de Mascara.

Laines et tissus. — On constate une plus value de

237 tonnes (1917 contre 1680). Les tissus indigènes fabriqués à Mascara entrent pour une assez forte part dans ce mouvement important.

Les combustibles minéraux et végétaux donnent une plus value de 2662 tonnes.

Bestiaux. — L'augmentation est de 15.259 têtes environ.

Marchandises diverses : en augmentation de 1.020 tonnes (6.290 au lieu de 5.270).

L'alfa et le crin végétal accusent une baisse assez sensible (33.832 tonnes en 1898 contre 36.103 en 1897), qui tient en partie à l'interdiction de récolter en territoire militaire et aussi au bas prix de cette marchandise.

Compagnie de Mokta-el-Hadid. — La diminution des recettes porte principalement sur les voyageurs et sur les marchandises de petite vitesse.

En ce qui concerne les voyageurs, la moins value provient en majeure partie de ce que le marché hebdomadaire d'Aïn-Mokra a été moins fréquenté que les autres années. Le trafic des marchandises s'en est un peu ressenti ; mais la diminution constatée sur ce trafic doit être attribuée surtout aux lièges et aux vins, qui en constituent le meilleur élément.

Tarification

Les augmentations de recettes qui se sont produites, en 1898 et en 1899, démontrent un accroissement d'autant plus sensible du mouvement général du trafic des chemins de fer, que, pendant ces deux années des améliorations de tarif assez importantes ont été effectuées par diverses compagnies.

Ainsi, la Compagnie Bône-Guelma a réduit les tarifs des alfas, des combustibles minéraux transportés de Bône à Tébessa, des carreaux en terre cuite et en ciment, de l'acide sulfurique, de la ferraille, et elle a étendu à de nouvelles relations le régime des billets d'aller et retour.

Ainsi encore la Compagnie de l'Est-Algérien a

abaissé les tarifs des dattes, des matériaux de construction, des engrais et matières servant au traitement de la vigne, des produits céramiques et de la verrerie, des papiers et matières premières, et a créé des billets d'aller et retour de bains de mer et des billets d'aller et retour d'Alger à Constantine.

De même, la Compagnie de l'Ouest-Algérien a créé des billets d'aller et retour de marché pour Aïn-Temouchent ; des abonnements à prix réduits pour les élèves des collèges et des abonnements encore plus réduits pour les élèves des écoles primaires.

Mais le fait le plus important survenu depuis le commencement de l'année 1898 est l'homologation et la mise en application, à partir du 20 mai 1899, des nouveaux tarifs de petite vitesse de la Compagnie P.-L.-M.

Au point de vue du fond, ces nouveaux tarifs, conçus dans un esprit libéral que l'Administration doit reconnaître, comportent des réductions notables par rapport aux prix anciens. D'ailleurs, les intérêts annuels de la dette de la Compagnie P.-L.-M. atteignant une somme de plus d'un million que les recettes ne sauraient couvrir avant très longtemps, les conséquences pécuniaires de la réforme intéressaient le budget de l'Etat beaucoup plus que la Compagnie. Suivant les évaluations basées sur le trafic des années écoulées, la réforme devait se traduire par une diminution de 150.000 francs dans les recettes de la Compagnie, et c'était sur la ligne de Philippeville à Constantine que devait principalement porter la diminution. Mais le trafic s'est développé en 1899 et, comme on l'a vu précédemment, les recettes ont augmenté dans de fortes proportions sur les deux lignes de la Compagnie P.-L.-M.

Comme forme, la Compagnie a adopté le cadre arrêté dans la réforme des tarifs métropolitains. Antérieurement, le tarif général ne comportait que trois classes ; les tarifs spéciaux, dans lesquels les marchandises étaient réparties sans aucun ordre, comprenaient fort peu d'abaissements généraux. Dans les tarifs nouveaux, les marchandises sont réparties en six séries au tarif général ; en outre, six barèmes généraux ont été créés en vue des tarifs spéciaux qui renvoient à ces barèmes pour le calcul des prix applicables à un grand nombre de marchandises. La répartition des marchandises dans les tarifs spéciaux a été faite conformément aux dispositions adoptées en France. Enfin, pour les conditions d'application, on a presque exactement copié la rédaction des conditions en vigueur dans la métropole.

Après avoir ainsi mené à terme la révision de ses tarifs de petite vitesse, la Compagnie P.-L.-M. a abordé la révision de ses tarifs de grande vitesse et elle vient de soumettre à la sanction administrative des propositions consistant :

1° A créer des billets d'aller et retour de Philippeville, de Condé-Smendou et de Constantine à toutes les gares de la ligne et réciproquement ;

2° A créer des billets d'aller et retour de ou pour Alger-Agha, Hussein-Dey et Maison-Carrée dans un rayon de 150 kilomètres ; de ou pour Oran dans un rayon de même étendue, de ou pour Affreville, Blida, Boufarik, Duperré, les Attafs, Orléansville, le Riou, Perrégaux, Relizane et St-Denis-du-Sig, dans un rayon de 100 kilomètres.

Enfin, — et c'est ce qui constitue le caractère original de la proposition de la Compagnie, — les relations à grande vitesse bénéficieront d'un tarif différentiel à bases décroissantes, à partir de 150 kilomètres. Grâce à ce tarif, la réduction sera, pour cent :

		1re classe	2e classe	3e classe
A 300 kil.	de	14,2	14,2	17,5
A 400 kil.	de	23,4	23,7	23,9
A 421 kil. (Alger-Oran)	de	25,8	26,5	26,8

Pour les relations Alger-Oran, la réforme proposée équivaut à la création de billets AR avec cette différence, toute à l'avantage du public, que les voyageurs n'ont pas à se préoccuper de la durée de validité.

Ces mesures excellentes sont complétées par une propositon étendant aux excédents de bagages transportés sur la ligne de Philippeville à Constantine le tarif réduit appliqué sur la ligne d'Alger à Oran et établissant un tarif sensiblement réduit pour les transports à grande vitesse sur la ligne d'Alger à Oran : l'ensemble du dégrèvement qui résultera de l'adoption de ces propositions est évalué à 165.000 francs environ, somme qui tombera à la charge de la garantie tant que le trafic de grande vitesse ne se sera pas suffisamment développé pour que les excédents nets de recettes compensent la diminution des tarifs.

L'Administration n'a pas perdu de vue les desiderata exprimés chaque année par le Conseil supérieur et par un grand nombre d'assemblées de l'Algérie au sujet de la question des tarifs.

Ces desiderata se classent en quatre catégories : uniformisation des tarifs ; unification des tarifs ; extension du nombre des tarifs spéciaux ; abaissement des tarifs généraux ou spéciaux.

Les vœux relatifs à « l'uniformisation des tarifs » peuvent recevoir satisfaction de deux façons différentes : soit par la réduction à une seule des compagnies algériennes (on aboutit alors du même coup à l'unification des tarifs), soit par l'exécution par chaque compagnie d'une réforme intérieure. L'étude de cette seconde solution a été entreprise dans les circonstances suivantes :

A l'occasion de l'examen du nouveau livret des tarifs de petite vitesse de la Compagnie P. L. M. (réseau algérien), le Comité Consultatif des chemins de fer a fait observer qu'il serait très désirable de voir les compagnies algériennes accomplir, en ce qui concerne la classification des marchandises, les conditions et la numérotation de leurs tarifs une réforme semblable à celle qui a été réalisée sur les réseaux métropolitains et il a émis l'avis qu'il y avait lieu :

1° D'inviter les compagnies algériennes à se concerter en vue, d'une part, d'arrêter une rédaction identique pour les conditions d'application du tarif général et pour les conditions communes des tarifs spéciaux ; d'autre part, de dresser une classification générale commune en prenant pour base de leur étude la classification présentée par la Compagnie P.-L.-M.

D'inviter également ces compagnies à refondre leurs tarifs spéciaux en adoptant le cadre des nouveaux tarifs de la Compagnie P. L. M.

En notifiant cet avis aux compagnies algériennes, le Ministre des Travaux publics les a priées de lui soumettre, dans un délai aussi court que possible, les mesures qu'elles auraient résolu de prendre en vue de mettre à exécution la réforme préconisée par le Comité Consultatif (circulaire du 28 février 1899).

Il résulte en outre d'une communication du ministre que bien qu'il n'ait été question que « du cadre » des nouveaux tarifs de la Compagnie P. L. M., l'intention du Comité Consultatif des chemins de fer et de l'Administration a été que, pour la refonte de leurs tarifs spéciaux, les autres compagnies algériennes s'inspirassent des réductions réalisées par la Compagnie de la Méditerranée.

L'étude de la réforme se poursuit complètement en dehors de l'Administration algérienne. Elle est faite par une commission nommée par le Ministre des Travaux publics et dont les membres sont pris entièrement et exclusivement dans le sein du Comité Consultatif des chemins de fer. L'Inspecteur général, Directeur du contrôle des chemins de fer algériens, qui fait partie de la dite commission, a fait connaître, le 22 octobre 1899, que celle-ci « n'a pas encore reçu des compagnies algériennes les propositions nécessaires à tout travail utile de sa part. »

On doit dire, d'ailleurs, à la décharge des compagnies, qu'elles sont absorbées par les études d'un remaniement des réseaux poursuivies par le Ministère des Travaux publics.

« L'unification des tarifs » est une réforme plus complète. Il paraît impossible de la réaliser dans l'état actuel des réseaux algériens ; il est en effet certain qu'on ne réussirait pas par de simples négociations à amener toutes les compagnies à adopter le même prix de transport pour chaque marchandise déterminée. La seule solution pratique de la question consiste dans la réduction du nombre des réseaux algériens par voie de rachat ou de fusion et dans l'obligation pour les compagnies restantes d'avoir les mêmes tarifs. Le Gouvernement général sait que le Ministère des Travaux publics procède actuellement à un remaniement des réseaux ferrés de l'Algérie, mais il ignore sur quelles bases se poursuivent les négociations. Questionné à ce sujet par M. le Gouverneur général, les 8 juillet et 29 septembre 1899, M. le Ministre des Travaux publics a répondu, le 8 octobre 1899, par la lettre suivante :

MINISTÈRE
DES TRAVAUX PUBLICS

RÉPUBLIQUE FRANÇAISE

Direction
des Chemins de fer

1re Division
1er Bureau

Paris, le 8 octobre 1899

Remaniement
des réseaux algériens

Monsieur le Gouverneur général,

En vue de renseigner les Délégations financières et le Conseil supérieur de Gouvernement qui vont se réunir prochainement, vous me demandez de vous indiquer l'état actuel des études entreprises par mon département pour le remaniement des réseaux ferrés algériens.

Je m'empresse de vous informer que les négociations entamées à cet égard avec diverses compagnies se poursuivent activement et sont en bonne voie.

Agréez, Monsieur le Gouverneur général, les assurances de ma haute considération.

Le Ministre des Travaux publics,
Pour le Ministre et par autorisation
Le Conseiller d'Etat,
Directeur des Chemins de fer,
D. PÉROUSE.

Au sujet de cette même question, M. l'Inspecteur général, Directeur du contrôle, fournit les renseignements suivants dans sa lettre précitée du 22 octobre 1899 :

« Les compagnies Ouest-Algérien, Franco-Algérienne « et Est-Algérien ont été, en effet, absorbées par leurs « négociations avec l'administration supérieure, en « vue du rachat de leurs réseaux et du groupement « des lignes de la province d'Oran et de la province « d'Alger en deux réseaux homogènes concourant vers « les ports d'Alger et d'Oran confiés à deux compa- « gnies fermières.

« D'ailleurs, le rachat de la compagnie P. L. M. et « l'incorporation de la ligne Philippeville-Constantine « dans le réseau exploité par la compagnie fermière « de la ligne Alger-Constantine fera disparaître la « plus grande partie des tarifs contre lesquels proteste « la Chambre de commerce de Constantine.

« De même, le groupement de toutes les lignes de « la province d'Oran en un seul réseau débarrassera « le commerce de cette ville des délais de transmis- « sion aux gares de bifurcation et de la soudure des « tarifs intérieurs qui seront remplacés par un tarif « unique à bases décroissantes avec la longueur par- « courue.

« Du reste, si je suis bien informé, les conventions « d'affermage des réseaux ainsi constitués compor- « tent une clause invitant les compagnies fermières « à présenter à l'administration, dans un délai assez « court, des propositions pour l'unification de la clas- « sification générale et la refonte des tarifs. »

En ce qui concerne « l'extension du nombre des tarifs spéciaux et les abaissements des tarifs généraux ou spéciaux » des diverses compagnies algériennes, les réformes accomplies depuis plusieurs années sont déjà sensibles. Elles sont résumées dans les trois tableaux ci-après (p. 57 et suivantes).

Le premier indique pour chacune des compagnies algériennes, et pour leur ensemble les variations de 1877 à 1898 de la taxe moyenne d'un voyageur par kilomètre et de la taxe moyenne d'une tonne de marchandise par kilomètre. Dans l'ensemble, la réduction est de 0 c. 83 pour un voyageur et de 3 c 97 pour une tonne de marchandise.

Le second fait ressortir les différences que présentent les tarifs de grande vitesse appliqués en 1899 avec ceux en vigueur en 1839. Ces différences consistent notamment dans l'extension du nombre de billets d'aller et retour avec réduction de 20 à 40 %. Dans la création de billets ouvriers, de cartes d'abonnement et de cartes de circulation à demi-place et, pour un certain nombre de compagnies, dans l'abaissement du tarif général de 0 fr. 54 à 0 fr. 50 du tarif général applicable au transport des marchandises.

Le troisième indique les améliorations apportées par les compagnies algériennes de 1889 à 1899 dans leur tarification générale de petite vitesse et dans les tarifs spéciaux les plus intéressants pour la colonie ; il donne la comparaison entre les tarifs en vigueur en 1899 sur le réseau français de la Compagnie P.-L.-M. et ceux actuellement appliqués par les compagnies algériennes.

Ce dernier tableau fait ressortir l'importance de la réforme des tarifs généraux de petite vitesse accomplie par la Compagnie P.-L.-M. : l'augmentation de trois à six du nombre des séries de la classification générale a fait bénéficier d'abaissements sensibles les marchandises comprises dans les séries nouvelles. Il démontre en outre que c'est surtout par la création de nombreux tarifs spéciaux que les compagnies ont fait profiter le commerce de dégrèvements qui, pour certaines marchandises (les céréales sur le réseau de l'Est-Algérien, les vins sur le réseau P.L.M., etc.), ne laissent pas que d'atteindre un chiffre élevé.

C'est ainsi que le nombre des marchandises bénéficiant de tarifs spéciaux, a passé de 1889 à 1899 :

Sur le réseau de la Cie	B.-G........	de	153	à	245
—	E.-A........	de	68	à	289
—	P. L. M.....	de	188	à	369
—	F.-A........	de	241	à	284
—	O.-A........	de	96	à	351

Entretien des lignes. — Amélioration des voies et des bâtiments

L'état des lignes d'intérêt général est assez satisfaisant ; les voies et leurs dépendances, les terrassements et les ouvrages d'art sont bien entretenus. Certaines lignes, établies dans des terrains difficiles, nécessitent cependant encore l'exécution de travaux de protection. C'est ainsi qu'après les pluies de l'hiver 1898-1899, la Compagnie de l'Est-Algérien a dû effectuer, sur les lignes d'Alger à Constantine et de Bougie à Beni-Mansour, divers travaux de consolidation de la voie et de défense contre les eaux. C'est ainsi également qu'à la suite d'un violent orage, survenu le 4 juin 1899, un remblai de 12.000 mètres cubes a été emporté au kilomètre 106 + 900 de la ligne d'El-Guerrah à Biskra ; la compagnie fait exécuter des ouvrages supplémentaires pour prévenir le retour d'accidents de cette nature. De même, sur les lignes de la Compagnie Franco-Algérienne des coupures se sont produites sur divers points par suite de l'enlèvement des talus par les eaux d'orage ; les réparations nécessaires ont été faites immédiatement.

Le développement du trafic exige souvent l'amélioration des installations des gares existantes et la création de nouvelles gares ou stations. Comme on le sait, les travaux complémentaires sont à la charge de la compagnie lorsque la construction et l'exploitation ont lieu à forfait, et à la charge de l'Etat lorsque la construction et l'exploitation sont réglées d'après les dépenses réelles. Mais lorsque la construction a eu lieu à forfait et que l'exploitation se fait aux dépenses réelles — ce qui est le cas du réseau algérien de la compagnie P. L. M., — l'imputation des travaux d'amélioration des gares existantes, est sujette à discussion. La compagnie P. L. M. s'est souvent refusée à effectuer des travaux de cette catégorie s'ils ne faisaient pas l'objet de l'ouverture d'un compte de travaux complémentaires garanti. La question n'a pas encore été résolue et plusieurs projets d'amélioration de gares ou stations des lignes d'Alger à Oran et de Philippeville à Constantine sont en suspens.

Ces difficultés ne sont pas spéciales à l'Algérie, elles se rencontrent également en France. En vue de faciliter leur solution, une loi du 26 octobre 1897, rendue applicable en Algérie par décret du 14 mai 1898, a autorisé l'établissement de surtaxes locales temporaires sur les marchandises ou les voyageurs en provenance ou à destination d'une gare ou halte d'un chemin de fer d'intérêt général pour le service des emprunts que contracterait un département, une commune ou une chambre de commerce pour faire face aux dépenses de construction, de transformation ou d'amélioration de cette gare ou halte.

L'usage de cette loi par les intéressés permettrait de mettre les lignes d'intérêt général en état de satisfaire aux besoins du développement économique de l'Algérie.

Les compagnies exécutent d'ailleurs les travaux les plus urgents. Les principales améliorations effectuées, entreprises ou autorisées en 1898 et 1899 sont les suivantes :

Compagnie P. L. M. — Construction de la gare d'Oran-marine.

Allongement de voies de service, agrandissement du quai découvert et de la cour des marchandises de la gare d'Hussein-Dey.

Agrandissement du quai à marchandises de la gare d'Affreville.

Construction d'un trottoir, agrandissement de la cour des marchandises et allongement des voies de service à la gare d'Oued-Rouïna.

Transformation des voies de service, agrandissement de la cour et du quai des marchandises à la gare de Beni-Méred.

Construction d'une halle à marchandise à la gare des Attafs.

Construction d'un abri à voyageurs à la gare de Blida.

Allongement de voies de service à la gare de Merdja.

Etablissement d'une voie de garage et de bornes-fontaines à la gare de Ste-Barbe-du-Tlélat.

Transformation de la gare de Constantine.

Transfert, sur les terre-pleins du port, de la gare des marchandises de Philippeville.

Construction à la gare de Saint-Charles d'une nouvelle voie de service.

Compagnie de l'Est-Algérien.— Construction d'une halle à marchandises à la gare de Ménerville.

Construction d'une marquise devant le bâtiment des voyageurs de la gare de Sétif.

Construction d'une voie de débord avec plaque tournante à la gare de Tizi-Ouzou.

Compagnie de l'Ouest-Algérien. — Construction de dépôts de marchandises, reliés aux voies principales par une voie de raccordement, établissement d'une voie de service et élargissement de l'avenue d'accès de la gare des voyageurs de Sidi-bel-Abbès.

Allongement du quai de la gare des Trembles.

Agrandissement de la station de Chabet-el-Leham.

Construction d'une voie de débord à la gare d'Aïn-Temouchent.

Compagnie Franco-Algérienne. — Réfection, des bâtiments de la gare de Perrégaux.

Agrandissement du quai à marchandises et construction d'un dortoir pour les mécaniciens et les chauffeurs à la gare de Mascara.

Création d'un arrêt à Sidi-Maamar.

Installation de lavabos et de salles de bains dans les dépôts de Mostaganem, de Relizane et de Tiaret.

Compagnie Bône-Guelma. — Agrandissement des gares de Souk-Ahras et de Duvivier et des quais à céréales des gares d'Oued-Zenati, Aïn-Regada et Aïn-Abid.

Création d'une nouvelle voie à la gare d'Aïn-Affra.

Construction de nouvelles voies de garage au point 7k870 de la ligne de Souk-Ahras à Tebessa.

Marche des trains

La faible utilisation des trains de voyageurs en Algérie (moins de 53 personnes en moyenne contre 102 dans la métropole) ne permet pas d'insister auprès des compagnies de chemins de fer pour obtenir d'elles la création, partout où cela serait nécessaire, de nouveaux trains qui, faits pour remorquer un fort tonnage, circuleraient presque à vide. Cependant l'Administration supérieure se préoccupe, lors de la révision annuelle des horaires, d'améliorer la marche des trains et de donner aux localités insuffisamment desservies des facilités nouvelles de transport.

Tout en laissant aux compagnies le soin de rechercher les moyens de proportionner l'instrument à la faiblesse du trafic et d'adopter soit un système d'automobiles. soit tout autre procédé, l'Administration tend de plus en plus à réduire, toutes les fois que cela est possible, le nombre des localités — encore trop nombreuses — dont les habitants ne peuvent se rendre au chef-lieu de l'arrondissement ou du département et en revenir dans la même journée.

C'est dans cet ordre d'idées qu'elle s'est placée pour demander à la Compagnie Bône-Guelma la création d'un nouveau train d'Oued-Zenati à Constantine qui sera plus tard prolongé jusqu'à Guelma, et à la Compagnie de l'Ouest-Algérien l'adjonction de voitures de voyageurs à un train matinal de Sidi-bel-Abbès au Tlélat. Elle a demandé également à la Compagnie Franco-Algérienne de modifier la marche des trains de Perrégaux à Aïn-Sefra de façon à permettre aux correspondances arrivées de France par les paquebots rapides de parvenir à destination le lendemain soir.

D'autre part, la compagnie de l'Est-Algérien vient de faire quelques améliorations à la marche de ses trains. Elle applique depuis le 1er novembre 1899 un horaire qui réduit de 2h4' le trajet d'Alger à Constantine et de 2h41' le trajet de Constantine à Alger. Pour rendre cette amélioration possible, la compagnie a dû créer un nouveau train entre Alger et Ménerville.

Mais la réforme qui aura sans contredit la plus heureuse influence sur le développement des relations par chemins de fer a été réalisée par la création des trains de nuit tri-hebdomadaires mis en marche par la compagnie P. L. M. à partir du 15 juin 1898 sur la ligne d'Alger à Oran.

Ces trains, qui répondent à tous les besoins actuels, sont de plus en plus appréciés du public voyageur ; ils ont permis d'améliorer sensiblement le service postal tant sur la ligne elle-même que sur les embranchements desservis par les compagnies voisines. Grâce à ces trains, un voyageur, une lettre partis le matin de Batna peuvent être le lendemain dans la soirée à Aïn-Sefra.

Le succès des trains de nuit de la Compagnie P. L. M. a déterminé l'administration à rechercher si une combinaison semblable ne pourrait pas être appliquée sur la ligne d'Alger à Constantine.

Dans sa première session de 1899, le Conseil supérieur avait d'ailleurs émis un vœu à ce sujet. En conséquence, à la suite d'une longue correspondance et malgré les objections présentées par la compagnie contre le principe de la mesure, le Gouverneur général, après avoir pris l'avis du Comité consultatif des chemins de fer, a invité, le 29 août 1899, la Cie de l'Est-Algérien à créer un service de trains de nuit trihebdomadaires en correspondance avec les services rapides des paquebots d'Alger. A cette décision le président du Conseil d'administration de la Cie de l'Est-Algérien a répondu par une lettre du 25 septembre 1899 dans laquelle il rappelle toutes les considérations que sa compagnie avait fait valoir précédemment pour démontrer l'inutilité des trains de nuit sur une ligne où la recette kilométrique et le mouvement des voyageurs sont faibles et où il fait valoir les arguments tenant, d'une part, à l'instabilité de la voie et, d'autre part, à l'insécurité des régions traversées par la voie ferrée, pour repousser définitivement dans les termes ci-après la demande de l'administration :

« En résumé, les trains de nuit d'hiver, sur la ligne « d'Alger à Constantine, que la Chambre de com- « merce de Constantine déclare inutiles, la Compagnie « les déclare extrêmement dangereux, et s'oppose de « toutes ses forces à ce qu'ils soient mis en marche. « Notre conviction à cet égard est si profonde que, « malgré notre déférence à l'égard de votre autorité, « des mesures de coercition violente pourraient seu- « les briser notre résistance. Si l'administration supé- « rieure usait de ces moyens, ce serait sur elle et non « plus sur nous que pèseraient, en cas d'accident, les « responsabilités encourues. »

Les nouvelles objections de la Compagnie furent communiquées au Directeur du contrôle des chemins de fer algériens et en même temps la Compagnie fut priée, par le télégramme ci-après, de maintenir jusqu'à nouvel ordre le train de nuit hebdomadaire qu'elle avait fait pendant l'été de 1899 :

Alger, le 4 octobre 1899.

Le Gouverneur général de l'Algérie à M. le Directeur de la Compagnie des chemins de fer de l'Est-Algérien, 31 rue Pasquier, à Paris.

« J'ai pris connaissance de votre lettre du 25 septembre dernier, n° 5948 E, relative à la création d'un service de trains de nuit tri-hebdomadaires, pendant la saison d'hiver, sur la ligne d'Alger à Constantine.

« Par le courrier de ce jour, je demande à M. l'Inspecteur général, Directeur du contrôle d'examiner les objections présentées par votre compagnie à cette création qui a fait l'objet d'un avis favorable de la part du Comité consultatif des chemins de fer.

« Tout en maintenant le principe de cette amélioration dans le service des voyageurs entre Alger et Constantine, je consens à surseoir à la mise à exécution de ma décision du 29 août dernier jusqu'à ce que j'aie sous les yeux la réponse du Directeur du contrôle aux objections et réserves contenues dans votre lettre du 25 septembre dernier. Mais je décide, toutefois, qu'en attendant, le service hebdomadaire de trains de nuit qui devait prendre fin le 1er octobre continuera à fonctionner.

« Je vous prie de donner des ordres en conséquence. »

La Compagnie répondit, le 5 octobre 1899, qu'elle avait le regret de ne pouvoir se conformer à cette décision.

Enfin, après examen des objections de la compagnie et conformément à l'avis de l'Inspecteur général, Directeur du contrôle des chemins de fer algériens, la Compagnie a été formellement invitée, par la lettre suivante, à créer entre Alger et Constantine les trois trains de nuit prescrits par la décision précitée du 29 août 1899.

Alger, le 30 octobre 1899.

« MM. les Administrateurs de la Compagnie de l'Est-Algérien,

« A la suite de la correspondance échangée entre votre Compagnie et mon administration au sujet de la création de trains de nuit entre Alger et Constantine, j'ai, le 29 août dernier, invité votre Compagnie, conformément à l'avis du Comité consultatif des chemins de fer, à établir toute l'année, entre les deux villes précitées, un service de trains de nuit tri-hebdomadaires en correspondance avec les services rapides des paquebots transatlantiques d'Alger à Marseille.

« En réponse à cette dépêche, vous m'avez soumis, par lettre du 25 septembre 1899, vos objections à cette mesure.

« J'ai examiné avec soin ces objections et j'ai le regret de vous faire connaître que je ne puis m'y arrêter.

« En ce qui concerne l'insécurité de la ligne, il est à remarquer que votre Compagnie a organisé cet été des trains de nuit qui n'ont occasionné aucun accident spécial ; qu'elle a même établi, *proprio motu*, pendant l'hiver de 1895-1896 un train hebdomadaire de nuit à marche accélérée qui n'a pas été plus périlleux et qu'un grand nombre de trains de voyageurs et de marchandises circulent déjà de nuit sur la dite ligne.

« Je ne puis dès lors que maintenir ma décision.

« En conséquence, je vous invite formellement à créer trois fois par semaine entre Alger et Constantine un train de nuit dans les conditions indiquées par ma dépêche susvisée du 29 août dernier.

« Ces trains devront être mis en marche à partir du 1er décembre prochain et le nouvel horaire résultant de leur création devra m'être soumis le 15 novembre au plus tard [1].

« Comme conséquence de cette mise en demeure,

---

(1) Une nouvelle décision a reporté aux 8 et 15 décembre 1899, les dates de présentation du nouvel horaire et de mise en marche du train de nuit.

je n'approuve le projet d'horaire que vous m'avez soumis, le 18 juin dernier, que pour la période à courir du 1er novembre au 1er décembre 1899, époque où le nouvel horaire que vous aurez à me soumettre en vertu de la présente décision sera mis en application.

« Je charge M. l'Inspecteur général, Directeur du contrôle des chemins de fer algériens, de veiller à ce que les prescriptions qui précèdent soient exécutées dans les délais fixés.

« Veuillez agréer, etc.

« *Le Gouverneur général,*
« Ed. Laferrière. »

Si elle est suivie d'exécution, cette mise en demeure donnera satisfaction au vœu exprimé par le Conseil supérieur au cours de sa dernière session.

§ 2. — Lignes en construction

Depuis 1892, une seule ligne d'intérêt général est en construction, celle d'Aïn-Sefra à Djenien-bou-Rezg que le Gouvernement a été conduit à prolonger jusqu'à Duveyrier (Ez-Zoubia), au confluent de l'Oued-Dermel et de l'Oued-Douis, parce que Djenien-bou-Rezg n'offrait pas les ressources en eau nécessaires à l'installation d'une gare terminus.

La ligne aura une longueur totale de 115 kil. 700, savoir :

D'Aïn-Sefra à Djenien-bou-Rezg...	84k700	115k700
De Djenien-bou-Rezg à Duveyrier..	31 »	

La section d'Aïn-Sefra à Djenien-bou-Rezg est en voie d'achèvement : la ligne est entièrement terminée entre Aïn-Sefra et le kilomètre 55 (entrée des gorges de Moghrar) ; l'établissement de l'infrastructure se poursuit activement dans la partie comprise entre les kilomètres 55 et 82,625 ; les travaux de construction des gares de Tiout (11 kil. 100) et de Moghrar (54 kil.) sont terminés ; la gare de Djenien-bou-Rezg seule est à construire.

Le Conseil supérieur a déjà été mis au courant des difficultés qui s'étaient opposées à l'exécution immédiate du projet de gare de Djenien-bou-Rezg, tel que l'avait approuvé une décision du Gouverneur général en date du 21 février 1898. Ce projet a été remanié par deux fois de façon à tenir compte des desiderata exprimés par l'autorité militaire à la suite des conférences mixtes : il a été modifié en vue de l'utilisation éventuelle de la gare pour les transports militaires ; la longueur du quai à marchandises a été portée de 20 à 40 mètres, sa largeur de 10 à 15 mètres ; des recherches d'eau ont été effectuées avec succès dans l'enceinte de la gare. Ainsi remanié le projet de la gare de Djenien-bou-Rezg et de la voie aux abords depuis le point 82 kil. 615, a reçu l'adhésion de M. le Ministre de la Guerre (dépêche du 13 octobre 1899) ; il a été définitivement approuvé par une décision du Gouverneur général du 25 octobre 1899 qui a en même temps autorisé l'exécution des travaux. La mise en adjudication aura lieu incessamment ; les travaux seront entrepris avant la fin de 1899 pour être terminés dans le courant de l'année 1900.

Pour la pose de la voie entre le kilomètre 55 et la gare de Djenien, l'administration a été amenée à renoncer à l'emploi de la compagnie de sapeurs des chemins de fer détachée en Algérie et à confier l'exécution des travaux à l'entrepreneur qui a déjà effectué le ballastage et la pose de la voie entre Aïn-Sefra et le kilomètre 55. La soumission souscrite à cet effet par cet entrepreneur a été approuvée par une décision du 1er septembre 1899. Cette décision est motivée par les raisons suivantes :

Pour utiliser le concours de la compagnie de sapeurs des chemins de fer, l'Etat, qui n'a pas de matériel de transport sur la ligne, aurait été dans l'obligation onéreuse d'acheter ou de louer un matériel roulant pour le transport des fournitures de la voie. D'autre part, la pose de la voie par la compagnie du génie aurait coûté 256.000 fr. environ, alors que l'entrepreneur s'est engagé à faire les mêmes travaux, à poser les tabliers métalliques et à entretenir la voie pour 130.000 fr. Enfin la compagnie du génie n'aurait été disponible que dans le courant d'octobre 1899, tandis que les travaux ont pu être commencés dès les premiers jours de septembre.

Les études du projet de prolongement jusqu'à Duveyrier ont été entreprises par le service des Ponts et Chaussées dans le courant de l'année 1898. La ligne a été divisée en deux sections : la première, de Djenien-bou-Rezg à un point situé à 2 kilomètres environ avant la traversée de l'oued Dermel ; la seconde, de ce point au terminus de la ligne (2 kilomètres environ). En ce qui concerne la première partie, MM. les ingénieurs ont dressé immédiatement un projet définitif dont l'exécution a été autorisée le 31 octobre 1899 : les travaux seront entrepris dès cette année. Le projet de la deuxième partie ne sera définitivement arrêté que lorsque l'autorité militaire aura fait choix de l'emplacement sur lequel sera édifiée la redoute de Duveyrier.

Tout fait prévoir que les travaux seront achevés et que la ligne entière pourra être ouverte à l'exploitation avant la fin de l'année 1900.

§ 3. — Lignes en projet

Les lignes ferrées d'intérêt général actuellement en projet sont indiquées dans le tableau suivant :

LIGNES	Longueur	Dépense approximative
Berrouaghia à Boghari	43[k]	7.000.000fr.»
Boghari à Laghouat	270	18.000.000 »
Affreville à Bouïra	182	40.200.000 »
Tlemcen à Lalla-Maghnia	68	17.487.500 »
Aïn-Beïda à Tebessa	91	6.887 350 »
Oued-Tixter à Bougie	85	25.500.000 »
Biskra à Ouargla	380	25.000.000 »
Total	1.119[k]	140.074.850fr.»

La situation des études de ces différents projets est la suivante :

Berrouaghia à Boghari. — Comme l'ont déjà fait connaître les exposés précédents, cette ligne a été concédée à titre éventuel à la compagnie de l'Ouest-Algérien (loi du 31 juillet 1886) qui a présenté depuis longtemps un avant-projet de construction de la voie par la vallée de l'oued Souaghia ; mais le Parlement n'a pas encore été saisi d'un projet de convention définitive.

Boghari à Laghouat. — La situation de cette ligne ne s'est pas modifiée depuis l'année 1898. Les travaux de construction de la plateforme, abandonnés à la suite des observations du rapporteur du budget de l'Algérie pour l'exercice 1896, n'ont pas été repris, aucun crédit spécial n'ayant été ouvert au budget en vue de leur exécution malgré la demande du Conseil supérieur.

Cet abandon des travaux est regrettable ; les terrassements non poursuivis et insuffisamment entretenus se dégradent de plus en plus et devront être en partie refaits lorsque l'infrastucture sera continuée. Les ingénieurs évaluent à 100.000 fr. au moins l'importance des dégradations actuelles des ouvrages et à 30.000 fr. la somme qui serait nécessaire pour les entretenir annuellement.

Les derniers projets relatifs à l'achèvement de l'infrastructure sont en préparation et doivent être successivement adressés à l'Administration avant la fin de l'année 1899. Le bureau extérieur de Mustapha qui avait été constitué en vue de l'établissement de ces projets sera supprimé au 31 décembre 1899.

Affreville-Bouïra. — La loi du 18 juillet 1879, relative au classement du réseau complémentaire des chemins de fer d'intérêt général de l'Algérie, a compris dans ce réseau les quatre lignes ci-après qui, reliant la ligne d'Alger à Oran à celle d'Alger à Constantine, forment avec celle-ci le grand central algérien :

1° Affreville à Haouch-Moghzen,

2° Mouzaïaville à Berrouaghia, par Haouch-Moghzen,
3° Berrouaghia aux Trembles,
4° Les Trembles à Bordj-Bouïra.

Depuis, la ligne de Blida à Berrouaghia ayant été construite, la section Mouzaïaville-Haouch-Moghzen de la seconde ligne est devenue sans intérêt ; il ne reste plus des quatre lignes susvisées que les sections complétant le grand central.

La ligne de Bordj-Bouïra aux Trembles a été concédée éventuellement à la Compagnie de l'Est-Algérien par une convention du 30 juin 1880 approuvée par une loi du 2 août suivant. Les projets présentés par la compagnie ont paru trop onéreux et par dépêche ministérielle du 25 juillet 1892 la compagnie a été invitée à procéder à leur révision, en vue de la réduction des dépenses. Produite en 1894, la nouvelle étude a été communiquée aux ingénieurs des ponts et chaussées pour être vérifiée.

D'autre part, la Compagnie de l'Est-Algérien a été autorisée en août 1892 à procéder aux études de la section des Trembles à Berrouaghia.

Enfin, au mois de mai 1899, M. le Ministre de la guerre a signalé à l'attention du département des travaux publics l'intérêt que présenterait pour la défense de l'Algérie la construction d'une ligne à voie large d'Affreville à Bouïra. L'Inspecteur général, Directeur du contrôle des chemins de fer algériens, a été chargé de faire une étude sommaire sur les conditions techniques dans lesquelles pourrait être construite cette voie ferrée.

Tlemcen à Lalla-Maghnia. — La ligne de Tlemcen à la frontière du Maroc a été classée dans le réseau d'intérêt général par la loi du 18 juillet 1879, mais les études n'en ont été faites qu'il y a quelques années seulement par la compagnie de l'Ouest-Algérien. L'avant-projet allait être envoyé au Ministère des travaux publics lorsque le conseil général d'Oran demanda que le gouvernement fît procéder à l'étude d'un chemin de fer à voie étroite partant d'Oran pour atteindre Lalla-Maghnia en passant par Aïn-Temouchent avec embranchements sur Tlemcen, d'une part, et sur Rachgoun, d'autre part. Les études de ce second projet ont été faites par la compagnie de l'Ouest-Algérien sous la surveillance du service des ponts et chaussées. Le dossier en a été transmis le 4 novembre 1899 à M. le Ministre des Travaux publics en même temps que celui du projet de la ligne à voie large de Tlemcen à Lalla-Maghnia.

Aïn-Beïda à Tébessa. — Ainsi qu'on l'a indiqué dans le dernier exposé, un avant-projet d'une ligne d'intérêt général allant d'Aïn-Beïda à Tébessa a déjà été dressé ; mais, tout en émettant un avis favorable à la déclaration d'utilité publique, M. le Gouverneur général avait demandé à M. le Ministre des Travaux publics de ne pas prendre de décision, en ce qui concerne le tracé, avant que l'on ait procédé aux études d'une variante destinée à réduire le parcours de cinq kilomètres environ. Ces études, qui avaient dû être ajournées faute de crédits, ont été effectuées en 1899 ; elles sont terminées sur le terrain.

Oued-Tixter à Bougie. — Concédée éventuellement à la compagnie de l'Est-Algérien par une convention du 30 juin 1880 approuvée par une loi du 2 août suivant, cette ligne paraît devoir être abandonnée, momentanément au moins, la région de Sétif pouvant écouler ses produits par Beni-Mansour et Bougie.

Biskra à Ouargla. — La situation de cette ligne ne s'est pas modifiée jusqu'à présent. Le Ministre des Travaux publics, saisi depuis longtemps de la demande de concession, poursuit avec la compagnie l'étude du projet de convention à soumettre à la sanction du Parlement en même temps que la demande de déclaration d'utilité publique.

II

CHEMINS DE FER D'INTÉRÊT LOCAL ET TRAMWAYS

La situation d'ensemble des réseaux des chemins de fer d'intérêt local et des tramways est indiquée dans le tableau ci-après :

Lignes :	DÉPARTEMENT d'Alger	DÉPARTEMENT d'Oran	DÉPARTEMENT de Constantine	TOTAL (1)
en exploitation .	128k 2	13k 3	21k »	162k 5
en construction.	51 1	43 »	19 »	113 1
en projet	538 5	110 »	635 9	1.284 4
Totaux.....	717k 8	166k 3	675k 9	1.560k »

(1) Chiffres rectifiés depuis la publication du volume de l'exposé au Conseil supérieur (session de décembre 1890).

Comme on le voit, les départements d'Alger et de Constantine font actuellement un effort considérable pour accroître le réseau des voies ferrées qui les desservent.

§ 1er Lignes en exploitation

Les lignes en exploitation sont respectivement :

Dans le département d'Alger :

Les tramways de St-Eugène à Rovigo, avec l'embranchement électrique de Mustapha au Ruisseau ;

D'Alger à Coléa (section des Deux-Moulins à Zéralda) ;

D'El-Affroun à Marengo ;

De Dellys à Boghni (section de Dellys à Camp-du-Maréchal) ;

De l'Hôpital du Dey à la Colonne-Voirol, avec embranchement du boulevard Bru.

Dans le département d'Oran :

Les tramways électriques de la ville d'Oran.

Dans le département de Constantine :

Le tramway de Biskra à Fontaine-Chaude et celui de Saint-Paul à Randon.

La ligne de Saint-Eugène à Rovigo est entièrement livrée à l'exploitation. La voie ferrée est bien entretenue, le matériel électrique est en bon état ; le matériel à vapeur qui laissait beaucoup à désirer, a été sensiblement amélioré.

Une double voie a été établie dans la traversée d'Alger et de Mustapha ; des croisements ou voies de garage ont été installés sur le boulevard de France, à l'arrêt du Champ-de-Manœuvres et à l'entrée de la propriété Gagé, entre le Jardin d'Essai et Hussein-Dey. Une remise pour les voitures électriques a été construite à la station des Deux-Moulins, ce qui améliorera beaucoup le service vers St-Eugène. Enfin, la Société projette de continuer la traction électrique jusqu'à Maison-Carrée.

Le nombre des voyageurs transportés sur cette ligne, en 1898, a été de 2.924.368, contre 2.391.470 en 1897, soit en plus 532.898. Les recettes ont été en 1898, de 552.445 francs, contre 472.887 fr. en 1897 ; elles atteignent 764.615 fr. pendant les neuf premiers mois de l'année 1899, alors qu'elles n'étaient que de 386.923 fr. pendant la même période de 1898.

La ligne d'Alger à Coléa n'est pas encore complètement terminée ; elle n'est ouverte à la circulation des voyageurs et des messageries qu'entre les Deux-Moulins et Zéralda. La voie est construite et entretenue dans des conditions satisfaisantes. Elle produira en 1899 une recette d'une cinquantaine de mille francs, contre 24.867 fr. en 1898.

La ligne d'El-Affroun à Marengo est entièrement livrée à l'exploitation. La voie et ses dépendances sont en bon état d'entretien. Les recettes ont été de 136.582 fr. en 1898, contre 125.608 en 1897. Du 1er janvier au 30 septembre 1899, elles atteignent 108.078 fr., ce qui correspond à environ 140.000 fr. pour l'année entière, soit 7.200 fr. par kilomètre.

Le trafic principal est celui des vins expédiés de la gare de Marengo, qui figurent pour 6.752 tonnes en 1897 et 7.546 tonnes en 1898.

La ligne de Dellys à Boghni n'est ouverte à l'exploitation que dans la section comprise entre Dellys et Camp-du-Maréchal (30 k. 832). La voie est bien entretenue, le matériel roulant est en bon état. Cette ligne n'a produit en 1898 que 32.640 fr., soit 1.053 fr. par kilomètre, alors qu'elle n'avait donné en 1897 que 918 fr. par kilomètre. L'année 1899 paraît devoir donner des résultats un peu plus favorables, car les recettes atteignent déjà au 30 septembre 1899, la somme de 31.717 fr.

La ligne des tramways de l'Hôpital du Dey à la Colonne-Voirol, avec embranchement sur le boulevard Bru, déclarée d'utilité publique par un décret du 13 janvier 1897, a été ouverte à l'exploitation le 15 avril 1898 ; elle fonctionne dans des conditions satisfaisantes.

L'établissement d'un réseau de tramways électriques dans la ville d'Oran a été déclaré d'utilité publique par un décret du 5 juin 1898. Ce réseau se compose de sept lignes, qui ont été successivement ouvertes à l'exploitation, pendant la période comprise entre le 15 décembre 1898 et le 11 mai 1899.

Les tramways de Biskra à Fontaine-Chaude et de la gare de Biskra au vieux fort turc ont été déclarés d'utilité publique par un décret du 21 juillet 1898 ; mais la construction de la ligne avait été faite pendant l'accomplissement des formalités préalables à la déclaration d'utilité publique, de sorte que l'ouverture officielle de la ligne à l'exploitation a eu lieu dès le 21 juillet 1898. Les recettes nettes se sont élevées, pour le 1er trimestre de 1898, à 4.309 fr. 10.

Le tramway de Randon à Combes, partie comprise entre Saint-Paul et Randon, déclaré d'utilité publique par un décret du 11 mai 1898, a été rétrocédé par le département de Constantine à la Compagnie Bône-Guelma et prolongements. En soumettant au Conseil général les projets d'exécution, la Compagnie a proposé le déplacement de la gare de Randon ainsi qu'une variante au tracé entre les points 10 kil. 300 et 11 kil. 108.

Cette proposition a reçu l'adhésion du Conseil général, mais elle doit être sanctionnée par un nouveau décret déclaratif d'utilité publique rectifiant celui du 11 mai 1898. Un dossier spécial a été transmis à cette fin à M. le Ministre des travaux publics, le 2 août 1899.

Quant à la partie non modifiée, depuis l'origine jusqu'au point 10 kil. 300, elle a été exécutée dans les conditions fixées par le décret primitif. Elle est ouverte à l'exploitation depuis le 15 août 1899.

§ 2. — Lignes en construction

Les chemins de fer d'intérêt local et les tramways actuellement en construction sont :

Dans le département d'Alger, la ligne d'Alger à Coléa, dans les parties comprises, d'une part, entre le port d'Alger et les Deux-Moulins........ 4 k. 727

Et, d'autre part, entre Zéralda et Coléa.................................... 9 k. 273

Et la ligne de Dellys à Boghni, dans la partie comprise entre Camp-du-Maréchal et Boghni................................... 37 k. 100

Total............... 51 k. 100

Dans le département d'Oran :

La ligne d'Oran à Arzew.............. 43 k.

Dans le département de Constantine :

La ligne de Philippeville au Filfila.... 19 k.

La section d'Alger-port aux Deux-Moulins de la ligne d'Alger à Coléa, se divise en quatre lots. Le premier, compris entre le port et le lieu dit La Consolation, d'une longueur de 1 kil. 520, est en construction. Les projets des trois autres lots sont soumis aux conférences mixtes réglementaires ; ils comprennent de nombreux travaux d'art, notamment la construction d'un boulevard front de mer. Leur exécution exigera plusieurs années.

La section de Zéralda à Coléa est presque entièrement achevée et pourra être ouverte au transport des voyageurs et des messageries dans un délai assez court.

Les travaux d'infrastructure de la section de Camp-du-Maréchal à Boghni sont exécutés par le département d'Alger, à l'exception du pont à jeter sur l'Oued-Bougdoura, qui doit être établi aux frais de la Compagnie concessionnaire. Les travaux faits par le département sont près d'être achevés. Par contre, le pont de l'Oued-Bougdoura, est encore à l'étude ; il ne pourra vraisemblablement être terminé que dans le second semestre de l'année 1900.

La superstructure de cette section doit être exécutée par la Société des Chemins de fer sur Routes qui a déjà réuni, dans les gares de Mirabeau et de Camp-du-Maréchal, le matériel nécessaire à l'armement de la voie.

La ligne ne pourra être ouverte à l'exploitation qu'au début de l'année 1901. Les travaux d'établissement sont évalués à 2.767.994 fr.

Le chemin de fer d'Oran à Arzew, déclaré d'utilité publique par une loi du 9 avril 1898, a été rétrocédé par le concessionnaire, M. Lartigue, à la Société des Chemins de fer Algériens (décret du 8 octobre 1899).

Les travaux, qui doivent donner lieu à une dépense totale de 3.248.000 fr. environ, sont divisés en deux sections : d'Oran à St-Cloud et de St-Cloud à Sidi-Chami. Ceux de la deuxième section seront achevés avant la fin de l'année 1899 ; ceux de la première ne doivent être entrepris qu'après l'approbation d'une rectification de tracé par Sidi-Chami.

Les dépenses déjà faites au 31 juillet 1899 s'élevaient à 927.500 francs.

Le tramway de Philippeville au Filfila, concédé le 30 novembre 1898 par la commune de Philippeville, à M. Georges Lesueur, propriétaire d'importantes carrières de marbre, a été déclaré d'utilité publique par un décret du 25 septembre 1899.

La ligne part du lieu dit Dra-el-Dib, pour aboutir au port de Philippeville ; elle sera établie sur un chemin vicinal régulièrement classé le 31 août 1899, par la Commission départementale de Constantine et dont la plate-forme sera construite en partie par le concessionnaire de la voie ferrée.

§ 3. — Lignes en projet

Les chemins de fer d'intérêt local et les tramways projetés — et l'état actuel de l'instruction des projets sont indiqués dans le tableau suivant :

Groupe	DÉSIGNATION DES LIGNES	Longueur	Estimation du coût	Autorité appelée à faire la concession	Date de l'enquête	OBSERVATIONS
	I. — Département d'Alger					
	1er Réseau					
	mbranchement de Castiglione sur la ligne d'Alger à Coléa	11k4	400.000 fr.	Département	1892	
	2e Réseau					
1er GROUPE	Hussein-Dey-Maison-Carrée-Douéra	22k1	1.272.652	Etat	1899	La convention et le cahier des charges sont en préparation.
1er GROUPE	Maison-Carrée-Aïn-Taya	20.2	970.000	Etat	1896 et 1898	Idem.
1er GROUPE	Affreville-Amoura	36.7	1.676.200	Etat ou département suivant tracé adopté	1898	
1er GROUPE	Ténès-Orléansville	57.7	3.403.932	Département	1898	
1er GROUPE	Boghni à la Gare des Issers	57.2	3.392.000	Département	1898	
1er GROUPE	Marengo-Cherchel	29	1.133.600	Etat	1898	
1er GROUPE	Bouïra-Aumale	47.6	1.771.833	Département	1899	
1er GROUPE	Boghni aux Ouadhias	18	1.378.000	Département	1898	
2e GROUPE	Ouadhias aux Beni-Menguellet	25.3	à l'étude	Département	»	Avant-projet en préparation.
2e GROUPE	Amoura prolongée	»	à l'étude	Département	»	
2e GROUPE	Tizi-Ouzou à Azazga avec embranchement sur les Beni-Menguellet	66.3	5.088.437	Département	1899	
2e GROUPE	Rovigo à Bouinan, Boufarik et Coléa	31.3	1.164.800	Etat et département	»	Une décision gouvernementale du 31 mai 1898 a prescrit la division de cette ligne en deux sections : Rovigo à Coléa (17 kil. 300) à concéder par l'Etat; Boufarik à Coléa (14 kil.) à concéder par le département. Les avant-projets de ces deux sections sont en préparation.
2e GROUPE	Coléa à Oued-el-Alleug	7.7	428.480	Etat ou départ.	1898	
2e GROUPE	Bou-Medfa à Hammam-Righa	13	à l'étude	Département	»	Avant-projet en préparation
2e GROUPE	Coléa à Marengo	36.1	1.216.800	Département	1898	Une variante relative à ces deux lignes a été demandée par le Conseil général en 1898.
2e GROUPE	Castiglione à Desaix	30	1.163.900	Département	1898	
2e GROUPE	Prolongement jusqu'à Courbet de la ligne de Boghni aux Issers	15.4	1.030.000	Département	»	Avant-projet en préparation.
2e GROUPE	Prolongement jusqu'à Surcouf de la ligne de Maison-Carrée à Aïn-Taya	1 7	83.000	Etat	»	La mise à l'enquête de l'avant-projet a été autorisée par une décision gouvernementale du 13 novembre 1899.
	Tramway électrique d'Alger à El Biar	6.4	950.000	Département	1898	La déclaration d'utilité publique sera prononcée à bref délai (1).
	Id. d'Alger à Bouzaréa	5.4	1.100.000	Département	1897 et 1899	Le dossier préparé en vue de la déclaration d'utilité publique a été adressé à M. le Ministre des travaux publics le 6 octobre 1899.

(1) La déclaration d'utilité publique a été prononcée par un décret de décembre 1899.

DÉSIGNATION DES LIGNES	Longueur	Estimation du coût	Autorité appelée à faire la concession	Date de l'enquête	OBSERVATIONS
II. — Département d'Oran					
Oran à Hammam-bou-Hadjar	71k	2.100.000	Etat	1899	Le dossier préparé en vue de la déclaration d'util publique est soumis à l'examen du service du contr des chemins de fer algériens.
Sidi-bel-Abbès à Mercier-Lacombe	39				L'avant-projet est encore à l'étude.
III. — Département de Constantine					
La Meskiana à Clairfontaine	31k	1.162.500	Département	»	Concédée à la Compagnie Bône-Guelma (convention 28 janvier 1896). Le Conseil général a renoncé à cette ligr
Aïn-Beida à Khenchela	54	3.340.000	Département	1894	Concédée à la Compagnie de l'Est-Algérien suivant c vention approuvée par le Conseil général le 12 octo 1895 et remaniée en 1899. — Le dossier préparé en vue la déclaration d'utilité publique a été soumis au Cons d'Etat. Les rectifications demandées par cette haute semblée ont été effectuées et le dossier a été renvoyé ministère des travaux publics le 29 octobre 1899.
Aïn-Mokra à St-Charles par Jemmapes	68	3.400.000	Département	1894	Concédée à la Compagnie Mokta-el-Hadid par conv tion du 31 décembre 1895. — Le projet de loi préparé vue de la déclaration d'utilité publique sera incess ment déposé.
La Calle à Bône avec embranchement sur Roum-el-Souk	98	4.811.000	Département	1894 et 1898	Concédée à M. Laborie suivant conventions des 20 o bre 1896 et 12 octobre 1897 modifiées en octobre 1898. Le dossier préparé en vue de la déclaration d'utilité blique est soumis au Gouvernement.
Setif à Bougie	142	14.000.000	Département	»	Concédée à M. Portier suivant un avant-projet que l' ministration des travaux publics a refusé jusqu'ici prendre en considération.
El-Milia à Djidjelli	69	3.250.000	Département	1894	Concédée à M. Laborie par le Conseil général (déli ration du 8 octobre 1898).
Constantine à Oued-Atménia	42	2.434.000	Département	1894	Idem.
Mila à Constantine par Bellevue	57	4.575.000	Département	1894	Concédée à M. Laborie (convention du 20 octobre modifiée en octobre 1898).
Châteaudun à Mechta-el-Arbi	9.6	402.000	Département	1894	
Biskra aux Zibans occidentaux	52	884.000	Département	1898	Concédée à la société de Biskra et de l'Oued-Rir une convention approuvée le 13 avril 1899 par le Con général de Constantine.
Tramways électriques de la ville de Constantine	5.3	1.300.000	État	»	Enquête autorisée par décision gouvernementale 6 novembre 1899.
Id. de la ville de Bône	8	1.100.000	Département	»	

Le programme des tramways à vapeur du département d'Alger comprend deux réseaux. — Le premier, composé des lignes d'Alger à Coléa, de Saint-Eugène à Rovigo, de Dellys à Boghni et d'El-Affroun à Marengo, déjà concédé, est en exploitation ou en construction. Aux termes d'un avenant au cahier des charges et à la convention du 1er mai 1891, portant la date du 9 mars 1897, qui n'a pas encore été approuvé, les embranchements suivants ont été rattachés à ce premier réseau : embranchement du Ruisseau sur la ligne de Saint-Eugène à Rovigo (3 kil.), déjà construit et exploité, et embranchement de Castiglione sur la ligne d'Alger à Coléa (11 k. 4). — Le second réseau est lui-même divisé en deux groupes, l'un, comprenant les lignes les plus urgentes qui ont déjà été concédées ou rétrocédées à la société des chemins de fer sur routes (délibération du Conseil général du 9 juillet 1898), l'autre, composé des lignes à concéder éventuellement. L'étude de toutes ces lignes a été effectuée par le service de la voirie départementale d'Alger.

Une difficulté s'est produite en ce qui concerne l'établissement des lignes d'Affreville-Amoura et de Bouïra à Aumale. — Saisi du projet de cette dernière, en exécution des dispositions du décret du 2 avril 1874, M. le Ministre de la guerre a fait observer qu'une partie du tracé était commune au tramway départemental à voie étroite et à la ligne à voie large de Bouïra à Affreville dont la construction lui paraît indispen sable à la sécurité de l'Algérie. Il a, en conséquence, subordonné son adhésion à l'exécution du projet conçu par le département à la réserve que la partie de Bouïra à Aïn-Bessem serait établie à voie large. En même temps, et pour les mêmes motifs, il a retiré l'adhésion qu'il avait déjà donnée au projet du tramway d'Affreville à Amoura et subordonné son adhésion nouvelle à l'établissement de cette ligne à voie large. Les décisions ministérielles ont été notifiées à M. le Préfet d'Alger le 12 juin 1899 pour être portées à la connaissance du Conseil général.

TAXES MOYENNES PAR KILOMÈTR

1877-1898

I. — Taxe moyenne d'un voyageur par kilomètre

COMPAGNIES / ANNÉES	1877	1878	1879	1880	1881	1882	1883	1884	1885
	cent.	cent.	cent.	cent.	cent.	cent.	cent.	cent.	cent.
P.-L.-M. algérien	6.06	5.99	5.91	5.99	5.77	5.70	5.62	5.46	5.[illegible]
Est-Algérien	»	»	»	6.46	5.95	5.93	6.16	6.06	6.[illegible]
Ouest-Algérien	6.42	6.59	8.83	5.15	6.10	6.11	6.44	6.54	6.[illegible]
Bône-Guelma	7.36	6.65	6.20	5.53	5.69	6.11	6.31	6.49	6.[illegible]
Franco-Algérienne	»	»	»	7.90	6.56	6.45	6.63	7.12	7.[illegible]
Mokta-el-Hadid	»	»	»	»	»	»	»	»	»
Ensemble des lignes algériennes	6.10	6.08	5.96	5.96	5.84	5.85	5.01	5.84	5.[illegible]
Ensemble des chemins de fer de la Métropole	»	»	»	»	»	»	»	»	4.[illegible]

COMPAGNIES / ANNÉES	1886	1887	1888	1889	1890	1891	1892	1893	1894	1895	1896	1897	1898
	cent.	cent.	cent.	cent.	cent.	cent.	cent.	cent.	cent.	cent.	cent.	cent.	cent.
P.-L.-M. algérien	5.46	5.45	5.66	5.58	5.41	5.37	5.45	5.55	5.52	5.40	5.43	5.41	5.26
Est-Algérien	5.72	6.70	6.19	6.26	5.87	5.77	5.98	5.86	5.72	5.61	5.53	5.49	5.40
Ouest-Algérien	6.02	5.98	5.09	5.86	5.84	5.87	5.80	5.77	5.68	5.60	5.62	5.57	5.39
Bône-Guelma	6.15	6.14	5.87	5.83	5.70	5.77	5.74	5.50	5.67	5.48	5.53	5.46	5.33
Franco-Algérienne	6.02	5.95	8.08	7.38	7.98	8.32	6.89	6.45	7.06	5.04	5.79	5.71	5.47
Mokta-el-Hadid	»	3.73	3.63	3.16	3.39	4.90	3.42	3.55	3.60	3.36	3.69	3.38	2.99
Ensemble des lignes algériennes	5.70	5.83	5.82	5.82	5.89	5.74	5.75	5.70	5.69	5.44	5.51	5.47	5.33
Ensemble des chemins de fer de la Métropole	4.59	4.53	4.48	4.40	4.40	4.35	3.95	3.83	3.85	3.83	3.79	3.77	»

II. — Taxe moyenne d'une tonne marchandise par kilomètre

COMPAGNIES / ANNÉES	1877	1878	1879	1880	1881	1882	1883	1884	1885
P.-L.-M. algérien	12.01	11.80	11.43	11.56	12.46	12.49	12.06	11.57	11.[illegible]
Est-Algérien	»	»	»	16.78	15.69	13.52	14.27	14.62	13.[illegible]
Ouest-Algérien	12.90	12.66	11.53	12.12	11.09	12.01	11.98	12.31	11.[illegible]
Bône-Guelma	19.53	12.77	11.34	12.71	12.48	12.40	12.94	12.83	11.[illegible]
Franco-Algérienne	»	»	»	16.41	16.78	13.24	16.87	16.88	11.[illegible]
Mokta-el-Hadid	»	»	»	»	»	»	»	»	»
Ensemble des lignes algériennes	12.27	11.97	11.22	12.16	13.44	12.54	13.39	12.84	12.[illegible]
Ensemble des chemins de fer de la Métropole	»	»	»	»	»	»	»	»	5.[illegible]

COMPAGNIES / ANNÉES	1886	1887	1888	1889	1890	1891	1892	1893	1894	1895	1896	1897	1898
P.-L.-M. algérien	[illegible]2.19	11.32	11.18	11.14	11.58	11.80	11.74	11.41	10.87	11.16	11.25	10.73	10.85
Est-Algérien	[illegible]4.88	20.80	14.36	12.12	11.62	11.69	12.89	9.00	10.03	10.55	10.92	9 79	9.36
Ouest-Algérien	[illegible]1.50	11.67	11.32	11.34	10.12	10.36	10.31	10.50	10.30	10.06	10.00	9.77	10.69
Bône-Guelma	[illegible]1.20	11.53	11.68	10.82	11.02	10.45	10.13	10.20	6.91	5.21	4.91	4.45	4.50
Franco-Algérienne	[illegible]3.10	10.94	16.60	11.36	13.85	10.51	10.59	10.30	11.40	10.10	11.40	10.44	10.39
Mokta-el-Hadid	»	25.73	26.55	30.42	25.88	24.00	16.54	26.50	23.30	21.20	19.40	17.66	15.39
Ensemble des lignes algériennes	[illegible]2.33	12.24	12.23	11.74	11.55	11.25	11.45	10.80	9.87	9.04	8.92	8.14	8.30
Ensemble des chemins de fer de la Métropole	5.94	5.80	5.95	5.55	5.46	5.36	5.36	5.25	5.20	5.16	5.12	5.04	»

COMPARAISON DES TARIFS SPÉCIAUX APPLIQUÉS PAR LES COMPAGNIES ALGÉRIENNES AU TRANSPORT A PETITE VITESSE DES PRINCIPALES MARCHANDISES (1889-1899)

MARCHANDISES	DISTANCES EN KILOMÈTRES	P.-L.-M. métropolitain : Tarif général	P.-L.-M. métropolitain : Tarifs spéciaux en 1899	P.-L.-M. Algérien : Tarif général	P.-L.-M. Algérien : Tarifs spéciaux Alger-Oran 1889	P.-L.-M. Algérien : Philippeville-Constantine 1889	P.-L.-M. Algérien : Tarif général	P.-L.-M. Algérien : Tarifs spéciaux Alger-Oran 1899	P.-L.-M. Algérien : Philippeville-Constantine 1899	Franco-Algérienne : Tarif général	Franco-Algérienne : Tarifs spéciaux 1889	Franco-Algérienne : 1899	Bône-Guelma : Tarif général	Bône-Guelma : Tarifs spéciaux 1889	Bône-Guelma : 1899	Est-Algérien : Tarif général	Est-Algérien : Tarifs spéciaux 1889	Est-Algérien : 1899	Ouest-Algérien : Tarif général	Ouest-Algérien : Tarifs spéciaux 1889	Ouest-Algérien : 1899
Alfa	50 100 150 200 250 300	4	[illegible]	2	[illegible]	3	5	[illegible]	[illegible]	3	[illegible]	[illegible]	2	[illegible]	[illegible]	[illegible]	[illegible]	[illegible]	[illegible]	[illegible]	[illegible]
Arbres et arbustes vivants	[illegible]	1	[illegible]	1	[illegible]	[illegible]	1	[illegible]	[illegible]	1	[illegible]	[illegible]	1	[illegible]	[illegible]	[illegible]	[illegible]	[illegible]	[illegible]	[illegible]	[illegible]
Engrais	[illegible]	6	[illegible]	2	[illegible]	[illegible]	3	[illegible]	[illegible]	4	[illegible]	[illegible]	3	[illegible]	[illegible]	[illegible]	[illegible]	[illegible]	[illegible]	[illegible]	[illegible]
Bois de charpente	[illegible]	4	[illegible]	2	[illegible]	[illegible]	4	[illegible]	[illegible]	3	[illegible]	[illegible]	4	[illegible]	[illegible]	[illegible]	[illegible]	[illegible]	[illegible]	[illegible]	[illegible]
Briques	[illegible]	5	[illegible]	3	[illegible]	[illegible]	5	[illegible]	[illegible]	4	[illegible]	[illegible]	4	[illegible]	[illegible]	[illegible]	[illegible]	[illegible]	[illegible]	[illegible]	[illegible]
Céréales	[illegible]	[illegible]	[illegible]	[illegible]	[illegible]	[illegible]	[illegible]	[illegible]	[illegible]	[illegible]	[illegible]	[illegible]	[illegible]	[illegible]	[illegible]	[illegible]	[illegible]	[illegible]	[illegible]	[illegible]	[illegible]
Charbons de bois	[illegible]	[illegible]	[illegible]	[illegible]	[illegible]	[illegible]	[illegible]	[illegible]	[illegible]	[illegible]	[illegible]	[illegible]	[illegible]	[illegible]	[illegible]	[illegible]	[illegible]	[illegible]	[illegible]	[illegible]	[illegible]
Houille	[illegible]	[illegible]	[illegible]	[illegible]	[illegible]	[illegible]	[illegible]	[illegible]	[illegible]	[illegible]	[illegible]	[illegible]	[illegible]	[illegible]	[illegible]	[illegible]	[illegible]	[illegible]	[illegible]	[illegible]	[illegible]
Chaux	[illegible]	[illegible]	[illegible]	[illegible]	[illegible]	[illegible]	[illegible]	[illegible]	[illegible]	[illegible]	[illegible]	[illegible]	[illegible]	[illegible]	[illegible]	[illegible]	[illegible]	[illegible]	[illegible]	[illegible]	[illegible]
Crin végétal brut	[illegible]	[illegible]	[illegible]	[illegible]	[illegible]	[illegible]	[illegible]	[illegible]	[illegible]	[illegible]	[illegible]	[illegible]	[illegible]	[illegible]	[illegible]	[illegible]	[illegible]	[illegible]	[illegible]	[illegible]	[illegible]
Cafés verts	[illegible]	[illegible]	[illegible]	[illegible]	[illegible]	[illegible]	[illegible]	[illegible]	[illegible]	[illegible]	[illegible]	[illegible]	[illegible]	[illegible]	[illegible]	[illegible]	[illegible]	[illegible]	[illegible]	[illegible]	[illegible]
Dattes	[illegible]	[illegible]	[illegible]	[illegible]	[illegible]	[illegible]	[illegible]	[illegible]	[illegible]	[illegible]	[illegible]	[illegible]	[illegible]	[illegible]	[illegible]	[illegible]	[illegible]	[illegible]	[illegible]	[illegible]	[illegible]
[illegible]	[illegible]	[illegible]	[illegible]	[illegible]	[illegible]	[illegible]	[illegible]	[illegible]	[illegible]	[illegible]	[illegible]	[illegible]	[illegible]	[illegible]	[illegible]	[illegible]	[illegible]	[illegible]	[illegible]	[illegible]	[illegible]
[illegible]	[illegible]	[illegible]	[illegible]	[illegible]	[illegible]	[illegible]	[illegible]	[illegible]	[illegible]	[illegible]	[illegible]	[illegible]	[illegible]	[illegible]	[illegible]	[illegible]	[illegible]	[illegible]	[illegible]	[illegible]	[illegible]
Peaux vides	[illegible]	[illegible]	[illegible]	[illegible]	[illegible]	[illegible]	[illegible]	[illegible]	[illegible]	[illegible]	[illegible]	[illegible]	[illegible]	[illegible]	[illegible]	[illegible]	[illegible]	[illegible]	[illegible]	[illegible]	[illegible]
Fers en barres	[illegible]	[illegible]	[illegible]	[illegible]	[illegible]	[illegible]	[illegible]	[illegible]	[illegible]	[illegible]	[illegible]	[illegible]	[illegible]	[illegible]	[illegible]	[illegible]	[illegible]	[illegible]	[illegible]	[illegible]	[illegible]
Figues sèches	[illegible]	[illegible]	[illegible]	[illegible]	[illegible]	[illegible]	[illegible]	[illegible]	[illegible]	[illegible]	[illegible]	[illegible]	[illegible]	[illegible]	[illegible]	[illegible]	[illegible]	[illegible]	[illegible]	[illegible]	[illegible]
Fourrages secs	[illegible]	[illegible]	[illegible]	[illegible]	[illegible]	[illegible]	[illegible]	[illegible]	[illegible]	[illegible]	[illegible]	[illegible]	[illegible]	[illegible]	[illegible]	[illegible]	[illegible]	[illegible]	[illegible]	[illegible]	[illegible]
Fumier	[illegible]	[illegible]	[illegible]	[illegible]	[illegible]	[illegible]	[illegible]	[illegible]	[illegible]	[illegible]	[illegible]	[illegible]	[illegible]	[illegible]	[illegible]	[illegible]	[illegible]	[illegible]	[illegible]	[illegible]	[illegible]
Huile d'olive non épurée	[illegible]	[illegible]	[illegible]	[illegible]	[illegible]	[illegible]	[illegible]	[illegible]	[illegible]	[illegible]	[illegible]	[illegible]	[illegible]	[illegible]	[illegible]	[illegible]	[illegible]	[illegible]	[illegible]	[illegible]	[illegible]

NOTES ET OBSERVATIONS

(1) Les chiffres portés dans la colonne du tarif général indiquent la série dans laquelle est classée la marchandise dénommée dans la première colonne.

(2) Les chiffres placés dans la première colonne des tarifs spéciaux indiquent, lorsqu'ils sont isolés, le numéro des tarifs applicables. Lorsqu'ils sont accompagnés d'une lettre ou d'un autre chiffre, cette lettre ou ce chiffre indiquent la lettre ou le numéro du barème qui est applicable.

(3) Nous avons pris sur le réseau de la Compagnie Franco-Algérienne le tarif applicable à l'alfa en balles pressées, transporté par wagon chargé à 1.000 kilogrammes.

(4) Il existe en outre un tarif spécial d'exportation sur Oran ne jouant qu'à partir de 200 kilomètres et qui donne les prix suivants :

A 200 kilomètres.. 11 fr.
250 — .. 12 fr.
300 — .. 13 fr.

(5) Nous avons considéré sur le réseau de la Compagnie Bône-Guelma le tarif général applicable aux transports par wagons complets comme un véritable tarif spécial.

(6) Sur la ligne de Bône à Tébessa, les houilles bénéficient du tarif suivant :

A 50 kilomètres.. 2 75
100 — .. 4 25
150 — .. 5 75
200 — .. 7 75
250 — .. 9 75
300 — .. [illegible]

COMPARAISON DES TARIFS SPÉCIAUX APPLIQUÉS PAR LES COMPAGNIES ALGÉRIENNES AU TRANSPORT A PETITE VITESSE DES PRINCIPALES MARCHANDISES (1889-1899) (Suite)

Marchandises	Distances en kilomètres	P.-L.-M. métropolitain — Tarif général	P.-L.-M. métropolitain — Tarif spécial en 1899	P.-L.-M. Algérien — Tarif général	P.-L.-M. Algérien — Tarifs spéciaux Alger-Oran 1889	P.-L.-M. Algérien — Tarifs spéciaux Philippeville-Constantine 1889	P.-L.-M. Algérien — Tarif général	P.-L.-M. Algérien — Tarifs spéciaux Alger-Oran 1899	P.-L.-M. Algérien — Tarifs spéciaux Philippeville-Constantine 1899	Franco-Algérienne — Tarif général	Franco-Algérienne — Tarifs spéciaux 1889	Franco-Algérienne — Tarifs spéciaux 1899	Bône-Guelma — Tarif général	Bône-Guelma — Tarifs spéciaux 1889	Bône-Guelma — Tarifs spéciaux 1899	Est-Algérien — Tarif général	Est-Algérien — Tarifs spéciaux 1889	Est-Algérien — Tarifs spéciaux 1899	Ouest-Algérien — Tarif général	Ouest-Algérien — Tarifs spéciaux 1889	Ouest-Algérien — Tarifs spéciaux 1899
Dattes fraîches	[illegible]	[illegible]	[illegible]	[illegible]	[illegible]	[illegible]	[illegible]	[illegible]	[illegible]	[illegible]	[illegible]	[illegible]	[illegible]	[illegible]	[illegible]	[illegible]	[illegible]	[illegible]	[illegible]	[illegible]	[illegible]
Tabac en feuilles	[illegible]	[illegible]	[illegible]	[illegible]	[illegible]	[illegible]	[illegible]	[illegible]	[illegible]	[illegible]	[illegible]	[illegible]	[illegible]	[illegible]	[illegible]	[illegible]	[illegible]	[illegible]	[illegible]	[illegible]	[illegible]
Vins en fûts	[illegible]	[illegible]	[illegible]	[illegible]	[illegible]	[illegible]	[illegible]	[illegible]	[illegible]	[illegible]	[illegible]	[illegible]	[illegible]	[illegible]	[illegible]	[illegible]	[illegible]	[illegible]	[illegible]	[illegible]	[illegible]
Minerais par wagon	[illegible]	[illegible]	[illegible]	[illegible]	[illegible]	[illegible]	[illegible]	[illegible]	[illegible]	[illegible]	[illegible]	[illegible]	[illegible]	[illegible]	[illegible]	[illegible]	[illegible]	[illegible]	[illegible]	[illegible]	[illegible]
Soufre sublimé	[illegible]	[illegible]	[illegible]	[illegible]	[illegible]	[illegible]	[illegible]	[illegible]	[illegible]	[illegible]	[illegible]	[illegible]	[illegible]	[illegible]	[illegible]	[illegible]	[illegible]	[illegible]	[illegible]	[illegible]	[illegible]
Sulfate de cuivre	[illegible]	[illegible]	[illegible]	[illegible]	[illegible]	[illegible]	[illegible]	[illegible]	[illegible]	[illegible]	[illegible]	[illegible]	[illegible]	[illegible]	[illegible]	[illegible]	[illegible]	[illegible]	[illegible]	[illegible]	[illegible]
Huile de pétrole en caisses, etc.	[illegible]	[illegible]	[illegible]	[illegible]	[illegible]	[illegible]	[illegible]	[illegible]	[illegible]	[illegible]	[illegible]	[illegible]	[illegible]	[illegible]	[illegible]	[illegible]	[illegible]	[illegible]	[illegible]	[illegible]	[illegible]
Phosphate de chaux naturel	[illegible]	[illegible]	[illegible]	[illegible]	[illegible]	[illegible]	[illegible]	[illegible]	[illegible]	[illegible]	[illegible]	[illegible]	[illegible]	[illegible]	[illegible]	[illegible]	[illegible]	[illegible]	[illegible]	[illegible]	[illegible]
Phosphates de chaux pour engrais	[illegible]	[illegible]	[illegible]	[illegible]	[illegible]	[illegible]	[illegible]	[illegible]	[illegible]	[illegible]	[illegible]	[illegible]	[illegible]	[illegible]	[illegible]	[illegible]	[illegible]	[illegible]	[illegible]	[illegible]	[illegible]

COMPARAISON DES TARIFS DE GRANDE VITESSE DES COMPAGNIES ALGÉRIENNES EN 1889 ET EN 1899

DÉSIGNATION des COMPAGNIES	BILLETS ORDINAIRES (PAR KILOMÈTRE) 1889	BILLETS ORDINAIRES 1899	BILLETS D'ALLER ET RETOUR DÉLIVRÉS TOUS LES JOURS (5) 1889	1899	BILLETS D'ALLER ET RETOUR DÉLIVRÉS LES JOURS DE MARCHÉ (6) 1889	1899	CARTES D'ABONNEMENT	BILLETS D'OUVRIERS 0.01 par kilomètre	VOYAGES CIRCULAIRES en France et en Algérie	CARTES DE CIRCULATION à demi-place	TARIF GÉNÉRAL en 1889	TARIF GÉNÉRAL en 1899	DENRÉES en 1889	DENRÉES en 1899
Bône-Guelma	1re classe : 0.112 2e — 0.085 3e — 0.060	Sans changement	Réduction de [illegible] 0/0 — Intéressant [illegible] relations	Réduction de [illegible] 0/0 — Intéressant [illegible] relations	Intéressant [illegible] relations	[illegible]	Créées en 1892	Créés en 1891	Créés en 1891	Créées en 1895	[illegible]	[illegible]	0.34 par tonne et par kilomètre	[illegible]
Est-Algérien	1re classe : 0.112 2e — 0.085 3e — 0.0616	Sans changement	Réduction de [illegible] 0/0 — Intéressant [illegible] relations	Réduction de [illegible] 0/0 — [illegible]	Néant	Intéressant [illegible] relations	Créées en 1891	[illegible]	Créés en 1891	Créées en 1895	[illegible]	[illegible]	[illegible] la tonne kilométrique	[illegible]
P.-L.-M.	1re classe : 0.112 2e — 0.085 3e — 0.0616	[illegible]	Réduction variant de [illegible] à 25 0/0 — Intéressant [illegible] relations	Réduction de 25 0/0 — [illegible]	Intéressant [illegible] relations	[illegible]	Créées en 1892	Créés en 1896	Créés en 1891	Créées en 1895	[illegible]	[illegible]	[illegible] la tonne kilométrique	[illegible]
France-Algérienne	1re classe : 0.12 2e — 0.08	[illegible]	[illegible]	[illegible]			Néant	Créés en 1895	Créés en 1891	Créées en 1895	[illegible]	[illegible]	[illegible] la tonne kilométrique	[illegible] la tonne kilométrique
Ouest-Algérien	1re classe : 0.112 2e — 0.085 3e — 0.0616	Sans changement	Réduction de [illegible] 0/0 — Intéressant [illegible] relations	Réduction de [illegible] 0/0 — Intéressant [illegible] relations		Intéressant [illegible] relations	Créées en 1892	Créés en 1891	Créés en 1891	Créées en 1894	[illegible]	[illegible]	[illegible] la tonne kilométrique	Sans changement
Bône à Aïn-Mokra	1re classe : 0.12 2e — 0.08 3e — 0.05	Sans changement	[illegible]	Sans changement	»	»	[illegible]	»	Créés en 1899	Créées en 1895	»	»	»	»

NOTES ET OBSERVATIONS

(1) D'après cette proposition, les prix de transport des voyag[illegible] à l'avenir : Sans changement jusqu'à [illegible] kilomètres ; à partir [illegible] mètres, les prix par kilomètre, décroissant suivant la distance [illegible]

	1re classe	2e classe
Ils seront, à 200 kilomètres.	[illegible]	[illegible]
— 300 —	[illegible]	[illegible]
— 400 —	[illegible]	[illegible]
— 421 (Oran).	[illegible]	[illegible]

En résumé, pour la distance Alger-Oran on paiera à l'a[illegible] classe, le prix actuel de la 2e classe, et, en 2e classe, le prix [illegible] 3e classe. Le prix de cette dernière classe sera lui-même [illegible] 26,8 0/0.

(2) Une proposition actuellement soumise à l'homologati[illegible] prix suivants pour le transport de messageries d'un poid[illegible] à 40 kilogrammes :

Jusqu'à 100 kilomètres [illegible]
De 100 jusqu'à 200 kilom., pour chaque kilom. en sus [illegible]
De 200 — 300 — — [illegible]
De 300 — 400 — — [illegible]
Au-dessus de 400 kilomètres [illegible]

Ces bases kilométriques donnent :

A 100 kilomètres ..... 35 fr. la [illegible]
150 — ..... 50 —
200 — ..... 65 —
300 — ..... 90 —
400 — ..... 110 —

(3) Ces bases kilométriques donnent :

A 100 kilomètres ..... [illegible] fr. la [illegible]
150 — ..... 40 —
200 — ..... 53 —
300 — ..... 78 —
400 — ..... [illegible] —

(4) Ces bases kilométriques donnent :

A 100 kilomètres ..... 28 fr. la [illegible]
150 — ..... 34 —
200 — ..... 40 —
300 — ..... 46 —
400 — ..... 52 —

(5) Le nombre des relations des billets d'aller et retour [illegible] double pour tenir compte de la réciprocité. Ces billets [illegible] d'Alger à Blida par exemple, et réciproquement, de Blida à [illegible]

(6) Au contraire, les billets d'aller et retour de marché ne [illegible] chacun que pour une relation, attendu qu'ils sont délivré[illegible] gares sur la localité où se tient le marché sans réciprocité. [illegible] Saint-Arnaud à Sétif (et retour) et non de Sétif à Saint-Arn[illegible]

COMPARAISON DES TARIFS GÉNÉRAUX DE PETITE VITESSE DES COMPAGNIES ALGÉRIENNES EN 1889 ET EN 1899

Distances en kilomètres	P.-L.-M. Métropolitain en 1899	P.-L.-M. Algérien T. G. 1889 Alger-Oran (3)	P.-L.-M. Algérien T. G. 1889 Philippeville-Constantine (2)	P.-L.-M. Algérien T. G. 1899 Alger-Oran (3)	P.-L.-M. Algérien T. G. 1899 Philippeville-Constantine (2)	Franco-Algérienne (1) (4)	Bône-Guelma (1) (5)	Est-Algérien (1)	Ouest-Algérien (1)	Séries	Distances en kilomètres	P.-L.-M. Métropolitain en 1899	P.-L.-M. Algérien T. G. 1889 Alger-Oran	P.-L.-M. Algérien T. G. 1889 Philippeville-Constantine	P.-L.-M. Algérien T. G. 1899 Alger-Oran	P.-L.-M. Algérien T. G. 1899 Philippeville-Constantine	Franco-Algérienne	Bône-Guelma	Est-Algérien	Ouest-Algérien
50	9 50	9 »	13 50	9 50	11 50	13 50	13 50	13 50	11 50	4e	50	6 50	»	»	7 50	8 »	8 »	7 50	»	»
100	17 50	18 »	»	17 50	»	25 50	25 50	25 50	21 50		100	11 50	»	»	13 »	»	14 50	13 50	»	»
150	25 »	25 50	»	25 »	»	37 50	37 50	37 50	31 50		150	16 »	»	»	18 25	»	21 »	19 50	»	»
200	32 50	34 »	»	32 50	»	49 50	49 50	49 50	»		200	20 50	»	»	23 50	»	27 50	25 50	»	»
250	40 »	37 50	»	37 »	»	61 50	61 50	61 50	»		250	25 »	»	»	25 50	»	38 »	31 50	»	»
300	47 50	45 »	»	41 50	»	73 50	73 50	73 50	»		300	29 50	»	»	27 50	»	40 50	37 50	»	»
50	6 50	7 50	11 50	9 »	10 50	11 50	11 50	11 50	10 »	5e	50	5 50	»	»	6 50	7 75	»	»	»	»
100	15 50	15 »	»	16 »	»	21 50	21 50	21 50	18 50		100	9 50	»	»	11 50	»	»	»	»	»
150	22 »	21 »	»	22 75	»	31 50	31 50	31 50	27 »		150	13 50	»	»	16 »	»	»	»	»	»
200	28 50	28 »	»	29 50	»	41 50	41 50	41 50	»		200	17 »	»	»	20 50	»	»	»	»	»
250	35 »	30 »	»	33 »	»	51 50	51 50	51 50	»		250	19 »	»	»	22 »	»	»	»	»	»
300	41 50	36 »	»	36 50	»	61 50	61 50	61 50	»		300	21 »	»	»	23 50	»	»	»	»	»
50	7 50	6 »	8 »	8 50	9 50	9 50	9 »	8 »	8 »	6e	50	4 50	»	»	6 »	6 50	»	»	»	»
100	13 50	12 »	»	14 50	»	17 50	16 50	14 50	14 50		100	6 50	»	»	10 50	»	»	»	»	»
150	19 »	16 50	»	20 50	»	25 50	24 »	21 »	21 »		150	8 25	»	»	14 50	»	»	»	»	»
200	24 50	22 »	»	26 50	»	33 50	31 50	27 50	»		200	10 »	»	»	18 50	»	»	»	»	»
250	30 »	22 50	»	29 »	»	41 50	38 »	34 »	»		250	11 75	»	»	20 »	»	»	»	»	»
300	35 50	27 »	»	31 50	»	49 50	46 50	40 50	»		300	13 50	»	»	21 50	»	»	»	»	»

OBSERVATIONS

(1) Le tarif général des Compagnies de l'Est-Algérien, Bône-Guelma, Ouest-Algérien et Franco-Algérienne n'a subi aucune modification depuis l'origine.

(2) La ligne de Philippeville à Constantine n'a que 87 kilomètres.

(3) La Compagnie P.-L.-M. n'a eu, jusqu'en 1899, que 3 séries comme les Compagnies de l'Est-Algérien et de l'Ouest-Algérien. Son nouveau tarif général, appliqué à partir du 20 mai 1899, divise les marchandises en 6 séries comme le tarif P.-L.-M. Métropolitain.

(4) La Compagnie Franco-Algérienne divise les marchandises en 4 séries.

(5) La Compagnie Bône-Guelma n'a exactement que 4 séries, les prix portés à la 5e série sont des prix applicables aux marchandises de la 4e série transportées par wagon complet.

NOTA. — On a eu soin d'ajouter aux taxes du tarif général 1 fr. 50 par tonne perçus pour frais de chargement, de déchargement et de gare afin de rendre comparable le tarif de la ligne d'Alger à Oran dont les taxes comprenaient, jusqu'en 1899, les frais accessoires, avec les tarifs des autres Compagnies qui laissaient ces frais accessoires en dehors.

Pour se rendre compte des abaissements réalisés au tarif général par la Compagnie P.-L.-M., il ne faut pas perdre de vue qu'un certain nombre de marchandises de la 1re, de la 2e et de la 3e série ancienne ont été descendues aux séries inférieures et ont formé les 4e, 5e et 6e séries nouvelles.

COMPARAISON DES TARIFS GÉNÉRAUX DE PETITE VITESSE DES COMPAGNIES ALGÉRIENNES EN 1889 ET EN 1899

SÉRIES	DISTANCES EN KILOMÈTRES	P.-L.-M. Métropolitain en 1899	P.-L.-M. Algérien T. G. 1889 Alger-Oran (3)	P.-L.-M. Algérien T. G. 1889 Philippeville-Constantine (2)	P.-L.-M. Algérien T. G. 1899 Alger-Oran (3)	P.-L.-M. Algérien T. G. 1899 Philippeville-Constantine (2)	Franco-Algérienne (1) (4)	Bône-Guelma (1) (5)	Est-Algérien (1)	Ouest-Algérien (1)	SÉRIES	DISTANCES EN KILOMÈTRES	P.-L.-M. Métropolitain en 1899	P.-L.-M. Algérien T. G. 1889 Alger-Oran	P.-L.-M. Algérien T. G. 1889 Philippeville-Constantine	P.-L.-M. Algérien T. G. 1899 Alger-Oran	P.-L.-M. Algérien T. G. 1899 Philippeville-Constantine	Franco-Algérienne	Bône-Guelma	Est-Algérien	Ouest-Algérien
1re	50	9 50	9 »	13 50	9 50	11 50	13 50	13 50	13 50	11 50	4e	50	6 50	»	»	7 50	8 »	8 »	7 50	»	»
	100	17 50	18 »	»	17 50	»	25 50	25 50	25 50	21 50		100	11 50	»	»	13 »	»	14 50	13 50	»	»
	150	25 »	25 50	»	25 »	»	37 50	37 50	37 50	31 50		150	16 »	»	»	18 25	»	21 »	19 50	»	»
	200	32 50	34 »	»	32 50	»	49 50	49 50	49 50	»		200	20 50	»	»	23 50	»	27 50	25 50	»	»
	250	40 »	37 50	»	37 »	»	61 50	61 50	61 50	»		250	25 »	»	»	25 50	»	38 »	31 50	»	»
	300	47 50	46 »	»	41 50	»	73 50	73 50	73 50	»		300	29 50	»	»	27 50	»	40 50	37 50	»	»
2e	50	8 50	7 50	11 50	9 »	10 50	11 50	11 50	11 50	10 »	5e	50	5 50	»	»	6 50	7 25	»	»	»	»
	100	15 50	15 »	»	16 »	»	21 50	21 50	21 50	18 50		100	9 50	»	»	11 50	»	»	»	»	»
	150	22 »	21 »	»	22 75	»	31 50	31 50	31 50	27 »		150	13 50	»	»	16 »	»	»	»	»	»
	200	28 50	28 »	»	29 50	»	41 50	41 50	41 50	»		200	17 »	»	»	20 50	»	»	»	»	»
	250	35 »	30 »	»	33 »	»	51 50	51 50	51 50	»		250	19 »	»	»	22 »	»	»	»	»	»
	300	41 50	36 »	»	36 50	»	61 50	61 50	61 50	»		300	21 »	»	»	23 50	»	»	»	»	»
3e	50	7 50	6 »	8 »	8 50	9 50	9 50	9 »	8 »	8 »	6e	50	4 50	»	»	6 »	6 50	»	»	»	»
	100	13 50	12 »	»	14 50	»	17 50	16 50	14 50	14 50		100	6 50	»	»	10 50	»	»	»	»	»
	150	19 »	16 50	»	20 50	»	25 50	24 »	21 »	21 »		150	8 25	»	»	14 50	»	»	»	»	»
	200	24 50	22 »	»	26 50	»	33 50	31 50	27 50	»		200	10 »	»	»	18 50	»	»	»	»	»
	250	30 »	22 50	»	29 »	»	41 50	39 »	34 »	»		250	11 75	»	»	26 »	»	»	»	»	»
	300	35 50	27 »	»	31 50	»	49 50	46 50	40 50	»		300	13 50	»	»	21 50	»	»	»	»	»

OBSERVATIONS

(1) Le tarif général des Compagnies de l'Est-Algérien, Bône-Guelma, Ouest- et Franco-Algérienne n'a subi aucune modification depuis l'origine.

(2) La ligne de Philippeville à Constantine n'a que 87 kilomètres.

(3) La Compagnie P.-L.-M. n'a eu, jusqu'en 1899, que 3 séries comme les Compa l'Est-Algérien et de l'Ouest-Algérien. Son nouveau tarif général, appliqué à par mai 1899, divise les marchandises en 6 séries comme le tarif P.-L.-M. Métropolit

(4) La Compagnie Franco-Algérienne divise les marchandises en 4 séries.

(5) La Compagnie Bône-Guelma n'a exactement que 4 séries, les prix por 5e série sont des prix applicables aux marchandises de la 4e série transpor wagon complet.

NOTA. — On a eu soin d'ajouter aux taxes du tarif général 1 fr. 50 par tonr pour frais de chargement, de déchargement et de gare afin de rendre comp tarif de la ligne d'Alger à Oran dont les taxes comprenaient, jusqu'en 1899, accessoires, avec les tarifs des autres Compagnies qui laissaient ces frais acces dehors.

Pour se rendre compte des abaissements réalisés au tarif général par la Co P.-L.-M., il ne faut pas perdre de vue qu'un certain nombre de marchandises de la 2e et de la 3e série ancienne ont été descendues aux séries inférieur formé les 4e, 5e et 6e séries nouvelles.

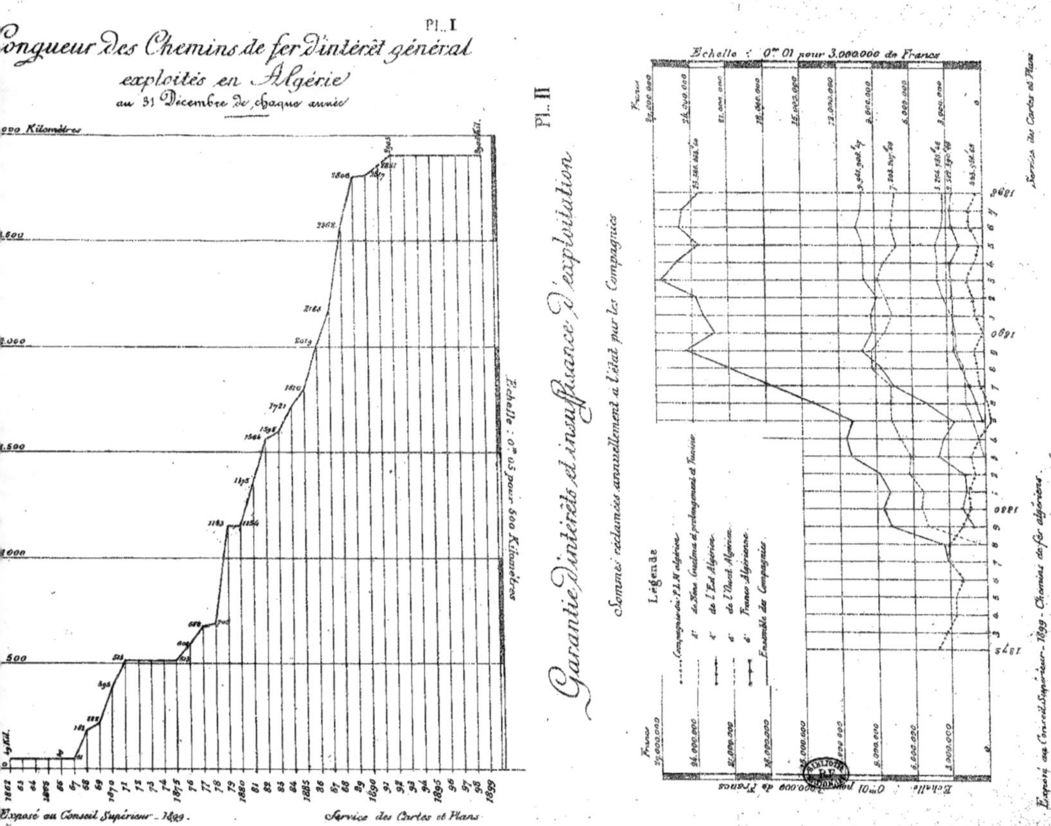

Pl. I
ongueur des Chemins de fer d'intérêt général
exploités en Algérie
au 31 Décembre de chaque année
Kilomètres
Echelle : 0m 05 pour 500 Kilomètres
Exposé au Conseil Supérieur _ 1899.
Service des Cartes et Plans
Pl. II
Garantie d'intérêts et insuffisance d'exploitation
Sommes réclamées annuellement à l'état par les Compagnies
Légende
Compagnie du P.L.M. algérien
de Bône Guelma et prolongements et Tunisie
de l'Est Algérien
de l'Ouest Algérien
Franco Algérienne
Ensemble des Compagnies
Echelle : 0m 01 pour 3.000.000 de Francs
Service des Cartes et Plans
Exposé au Conseil Supérieur _ 1899 _ Chemins de fer algériens

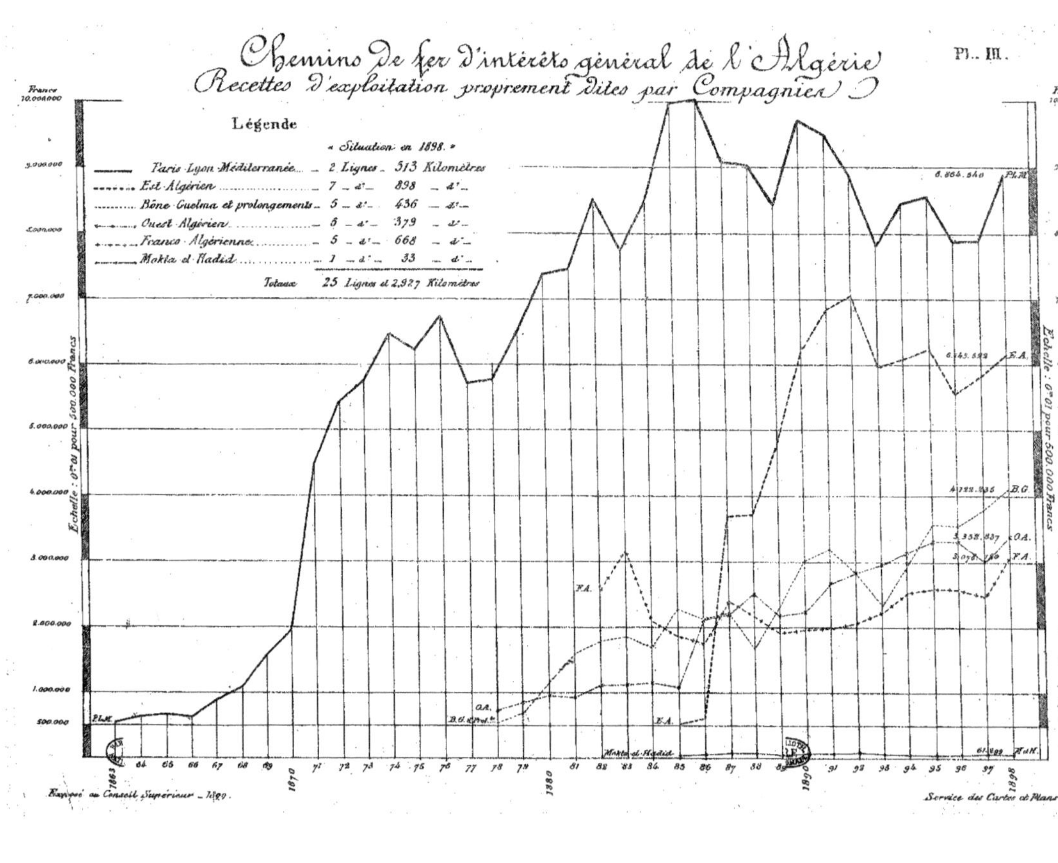

Chemins de fer d'intérêts général de l'Algérie
Recettes d'exploitation proprement dites par Compagnies
Pl. III.
Légende
« Situation en 1898. »
Paris Lyon Méditerranée … 2 Lignes … 513 Kilomètres
Est Algérien … 7 … d° … 898 … d°
Bône Guelma et prolongements … 5 … d° … 436 … d°
Ouest Algérien … 6 … d° … 379 … d°
Franco Algérienne … 5 … d° … 668 … d°
Mokta el Hadid … 1 … d° … 33 … d°
Totaux 25 Lignes et 2.927 Kilomètres
Echelle : 0m01 pour 500.000 Francs
Exposé au Conseil Supérieur _ 1899.
Service des Cartes et Plans

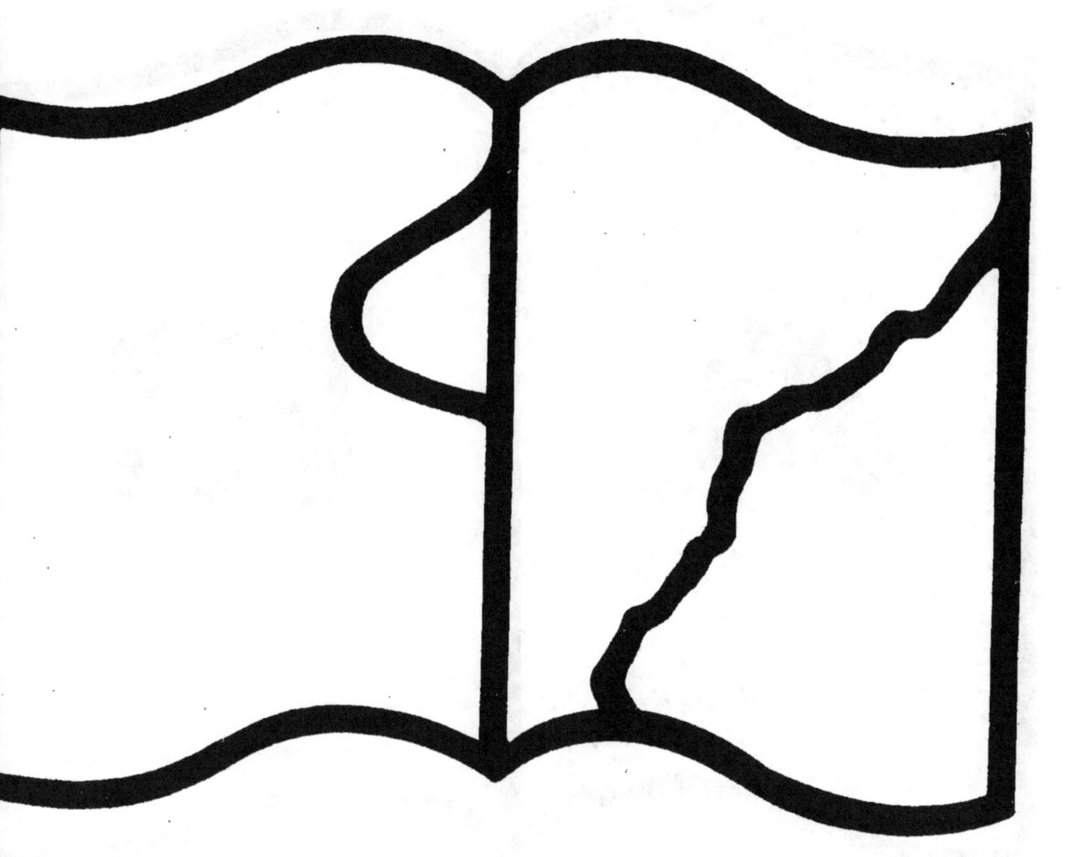

Texte détérioré — reliure défectueuse

NF Z 43-120-11

Contraste insuffisant

NF Z 43-120-14

www.ingramcontent.com/pod-product-compliance
Lightning Source LLC
LaVergne TN
LVHW010035230826
846091LV00005B/1708
9782012855854